La Méthode concrète

en Science sociale

PAR

Jacques VALDOUR

LILLE
René GIARD
LIBRAIRE
2, rue Royale, 2

PARIS
Arthur ROUSSEAU
ÉDITEUR
14, rue Soufflot, et rue Toullier, 13

1914

LA
MÉTHODE CONCRÈTE

en Science sociale

LA VIE OUVRIÈRE - OBSERVATIONS VÉCUES

La Méthode concrète

en Science sociale

PAR

Jacques VALDOUR

LILLE
René GIARD
LIBRAIRE
2, rue Royale, 2

PARIS
Arthur ROUSSEAU
ÉDITEUR
14, rue Soufflot, et rue Toullier, 13

1914

INTRODUCTION

Il m'a paru utile de faire précéder la publication de nouvelles « observations vécues » de « vie ouvrière », d'une courte étude théorique sur la méthode dont j'ai fait usage.

J'y expose d'abord brièvement comment je fus amené à l'employer. Puis je m'efforce d'en déterminer la nature et la portée, l'utilité, les difficultés, les conditions et les limites. Je termine par l'examen des diverses objections qui m'ont été adressées, leur rapide discussion m'ayant semblé propre à préciser sur divers points l'idée que je me suis faite de cette méthode.

LA
MÉTHODE CONCRÈTE
EN SCIENCE SOCIALE

CHAPITRE PREMIER

Comment j'ai été amené à entreprendre ce genre de recherches.

Dans les sciences naturelles, on a depuis longtemps retenu comme procédé fondamental de la méthode l'observation directe et personnelle des faits. En science sociale, au contraire, jusqu'à une époque récente, on se bornait à observer les pages d'un livre et les murs d'un cabinet de travail. On appliquait presque exclusivement des procédés abstraits à cette science essentiellement concrète. Pendant bien des années, je l'ai étudiée, comme tout le monde,

dans les bibliothèques ; mais j'ai fini par me
rendre compte que l'histoire des idées et
des doctrines, des écoles et des querelles
d'écoles, les arguments tirés de l'Économie
politique, de la Politique ou de la Sociologie,
de la Physiologie sociologique ou de la Métaphysique de la sociologie, en me permettant
de naviguer, à la suite de beaucoup d'autres
découvreurs, sur l'Océan de l'Idéal, me con-
duisaient aux Iles du Rêve et non dans la
Cité des hommes. Je me demandai donc un
jour s'il ne serait pas préférable, pour parvenir à la connaissance du réel et des solutions
réelles, d'étudier directement la réalité même ;
si, après avoir consciencieusement interrogé
tant de réformateurs en chambre, économistes
et sociologues de cabinet, savants, poètes, pro-
phètes, qui tous décidaient du sort de l'ouvrier
sans rien connaître de l'ouvrier ni de la vie
ouvrière, il ne serait pas opportun de tenter
de surprendre ce que l'ouvrier pense et ce qu'il
veut, ce qu'il sent, ce qu'il souffre, vers quoi
plus ou moins nettement ou vaguement il
aspire, quelle expérience il acquiert à la suite
des leçons administrées par sa propre vie, et
quel remède à ses misères peut être aperçu par
l'observateur qui les ferait siennes en descen-
dant jusque dans les faits et en s'incorporant

aux faits de façon que, s'interrogeant soi-même,
il les interrogerait encore.

Les économistes contemporains analysaient,
il est vrai, les conditions du travail et la condition du travailleur, mais à l'aide de statistiques, de textes de lois, de rapports officiels,
de documents écrits au travers desquels ils
voyaient et jugeaient notre organisation sociale
et les plaintes de la classe ouvrière. S'il ne
s'agissait plus pour eux de construire ration-
nellement quelque cité idéale au pays d'Utopie,
mais de se rendre compte objectivement
du fonctionnement de notre société, de sa
légitimité ou nécessité, des améliorations dont
il a été l'objet ou dont il demeure susceptible, leur méthode cependant restait abstraite.

Le Play avait serré de beaucoup plus près la
réalité en observant directement les phénomènes sociaux et, plus spécialement, l'histoire
de groupes naturels de phénomènes sociaux.
Mais, dans ses enquêtes, il se proposait d'analyser le résultat de l'activité humaine soumise
à des conditions données, et non de surprendre le jeu de cette activité même, dans
sa source et dans son déroulement, c'est-
à-dire, en définitive, l'homme lui-même dans
sa relation avec le milieu où il vit et l'objet

auquel il applique son effort producteur.

Conviendrait-il alors d'interroger directement l'ouvrier, soit en recueillant ses réponses à des questions précises, soit en lui demandant de se raconter lui-même ? Cette méthode offrirait quelques avantages et de nombreux et profonds inconvénients. Les réponses à un questionnaire présenteraient un caractère artificiel et tendancieux. L'autobiographie serait plus sincère et tout imprégnée de réalité ; on lira avec émotion la lettre douloureuse qu'un ouvrier m'a écrite après lecture de mon livre [1] ; mais cette source d'informations resterait extrêmement insuffisante ; l'ouvrier n'a pas le loisir de se raconter et, s'il en avait le temps, il lui manquerait l'habitude de l'analyse et de la réflexion critique qui s'acquièrent ailleurs qu'à l'usine et par une autre discipline que celle de l'habileté manuelle et du travail musculaire. *Le secret du peuple de Paris* et *Le Sublime ou le travailleur*, dont les auteurs, Corbon et Poulot, étaient d'anciens ouvriers devenus patrons, contiennent d'utiles renseignements sur la vie, le langage, les habitudes et l'état d'esprit des ouvriers, aux approches de 1848 et de 1870. Mais leur intérêt est malheureusement

---

1. *La Vie ouvrière, observations vécues.*

fort atténué par la défectuosité de l'exposition
et par l'abondance obscure d'idées pseudo-phi-
losophiques empruntées à divers « penseurs »
alors en vogue, peu comprises, mal digérées,
d'ailleurs absurdes et tout à fait inutiles à la
solution des difficultés au milieu desquelles se
débat la classe ouvrière ; rien mieux que ces
livres n'accuse le trouble et l'obscurcissement
que des idées fausses jettent dans des esprits
dépourvus de défense et l'incapacité de ces
anciens ouvriers à tirer de leur expérience et
de l'histoire de leur vie tous les enseigne-
ments qu'elles pouvaient comporter. La même
remarque s'impose à propos du volume autre-
fois publié par Godin sur son Familistère de
Guise, et où l'exposé de cette expérience pha-
lanstérienne, qui se réduit, en fait, à une
simple entreprise coopérative de production,
est alourdi de considérations mystico-pan-
théistiques coulées dans un jargon ridicule.

Il m'apparaissait donc que, s'il était nécessaire de se soumettre à la discipline de la vie
ouvrière pour la connaître, la comprendre et
tenter de l'améliorer, il ne convenait d'entreprendre cette expérience qu'après s'être soumis aux disciplines coutumières de la vie intellectuelle. Aux hommes accoutumés aux travaux
de la pensée manquait l'expérience person-

nelle du travail manuel dans les conditions que lui impose la société moderne ; aux hommes assujettis aux travaux manuels manquaient l'habitude de l'activité mentale, la culture générale et les cultures spéciales qui ne s'acquièrent qu'après de longues années d'études patientes. C'est après avoir vécu dans l'étude que l'on peut utilement se mêler aux travailleurs, et ce n'est qu'en se mêlant, ainsi préparé, aux travailleurs, que l'on peut surprendre la réalité de leur vie, la qualité de leurs misères, le secret de leur pensée et le contenu de leur âme. Les questions économiques sont des questions humaines et qui demeurent sans réponse si l'on ne s'inquiète pas de connaître la réponse que peut y faire et qu'y fait l'homme même.

La lecture, dans *Le Socialisme allemand et le Nihilisme russe*, du chapitre où l'auteur, M. Bourdeau, expose le résumé de l'expérience d'un étudiant allemand s'improvisant mineur pour étudier la vie des mineurs, précisa dans mon esprit le genre de recherches qu'il restait à entreprendre et la méthode qu'il conviendrait d'appliquer. Le livre intéressant de M. Leyret, *En plein faubourg*, que je connus plus tard, n'en offrait qu'une approximation : en s'installant petit débitant dans un quartier excentrique de Paris, M. Leyret a bien pris contact avec les ouvriers qu'il voulait étudier ; néanmoins, entre l'ouvrier et lui, restait encore la barrière d'un comptoir. Il convenait d'aller plus loin et d'établir, entre le salarié et l'observateur, un contact immédiat et permanent : l'observateur pourrait ainsi étudier le salarié à tous les moments de son existence, et, salarié lui-même, poursuivre jusque sur soi l'étude de l'influence du milieu où les salariés doivent vivre ; il s'attacherait à décrire, analyser et réfléchir les phénomènes sociaux qu'il aurait vécus. Cette méthode essentiellement concrète supprimait tout intermédiaire déformateur entre l'observateur et la chose observée et substituait à l'étude abstraite des faits l'étude vivante de phénomènes vivants. Je résolus donc d'essayer de me confondre avec les ouvriers en vivant et travaillant comme eux, de tenter de devenir l'un d'eux et d'être l'ouvrier qui se raconte ; je me proposai de noter les conversations, les habitudes, les plaisirs, les opinions, les ressources, les besoins, les tristesses de mes camarades de travail, de décrire leur atelier, leur logement, le cadre de leur existence, de retracer, en même temps que ce milieu réel, les individus réels que je verrais s'y mouvoir ; m'efforçant de conserver aux faits leur couleur et leur mouvement, je parviendrais peut-être à faire passer sous les yeux du lecteur cela même qu'aurait surpris mon regard de sorte que le lecteur pût demeurer un juge. C'est seulement après la publication de *La vie ouvrière* que je connus l'existence de deux ouvrages semblables, l'un de MM^mes Van Vorst et l'autre de M. Kolb. Le premier de ces livres, *L'ouvrière aux États-Unis,* avait paru traduit en français vers 1903 [1]. Le livre de Kolb, *Als arbeiter in Amerika,* (*Comme ouvrier en Amérique,*) paraissait à Berlin en 1909 [2], en même temps que le mien. A la même époque, je lisais un *Billet de Junius* [3] consacré à un dominicain flamand, le P. Rutten, qui, après avoir travaillé pendant un an, comme ouvrier mineur, au fond des puits, avait exposé dans diverses publications ses idées sur la question ouvrière et fondé dans son pays des syndicats ouvriers groupant, dès cette année-là, près de 50.000 associés ; ils en comptent actuellement plus de 100.000. Ces tentatives se produisaient à mon insu en même temps que les miennes, tellement elles sont nécessitées et par notre besoin de connaître de la vie ouvrière autre chose que

1. On m'en communiqua, après l'apparition de mon livre, un fragment publié, dès le 2 février 1901, dans la *Revue des Deux Mondes.*

2. Il n'a pas été traduit en français.

3. *Écho de Paris,* 23 avril 1909.

ses explosions de douleur furieuse, et par l'urgente nécessité de réformer notre organisation sociale ou, plus exactement, de pourvoir d'une organisation un état social qui en est dépourvu.

Dix ans avant l'apparition de ma *Vie ouvrière*, j'avais inauguré mes recherches par l'étude facile des figurants de théâtre et du public du « poulailler » ; elles se sont prolongées pendant plusieurs années et m'ont pris beaucoup de temps pour ne laisser qu'un mince résidu d'observations. Les études de vie ouvrière proprement dite se placent entre 1902 et 1906 : à chacune d'elles je consacrai de deux à cinq semaines. Si elles sont en petit nombre et fort diverses, c'est que je me heurtai tout de suite aux deux principaux obstacles qui s'opposent à des recherches de cette nature : l'ignorance de tout métier et l'absence d'un introducteur complaisant. La difficulté n'est pas tant, comme on pourrait le croire — car il suffit d'un effort de volonté — de renoncer momentanément à une vie agréable ou de vaincre une instinctive répugnance pour le travail manuel, que d'être mis à même de pénétrer dans une catégorie sociale à laquelle on est complètement étranger. Il me fallait trouver un terrain d'expérience accessible à un non-professionnel et où le patron voudrait bien me permettre d'entrer. Ma tentative était subordonnée à la réunion de ces deux conditions et je n'avais aucune relation dans le monde industriel. Un ami prit l'initiative d'y pourvoir ; d'autres l'ont, depuis lors, imité. Mais, au début, mon champ de recherches ne pouvait être que très étroitement circonscrit. Quelque maigre qu'ait alors été mon butin, je me décidai néanmoins à en faire part au public, attendant de son accueil une indication pour continuer ces recherches ou en arrêter les frais : la sympathie que m'ont témoignée [1], bien que je leur fusse complètement inconnu, diverses personnalités particulièrement compétentes en ces matières, m'a engagé à persévérer dans la voie que je m'étais tracée. De ce nouvel effort sont sorties les enquêtes nouvelles dont j'espère la très prochaine publication. L'ordre de publication de ces enquêtes est celui-là même dans lequel elles se sont succédé. J'ai cru utile de le maintenir comme étant aussi l'ordre de l'apparition et du développement de mes idées et conclusions au contact des réalités que j'ai vécues.

Mais l'usage d'une méthode ne suffit pas à sa justification. Il est nécessaire d'en construire la théorie. Du moins en ai-je tenté l'esquisse.

1. Voir les documents réunis à la fin de ce volume.

CHAPITRE II

Étude critique de la méthode employée.

**Sa nature. — Sa portée. — Son utilité. — Ses
difficultés. — Ses conditions. — Ses limites.**

Peut-être à ce qualificatif de méthode concrète sera-t-on tenté d'objecter que toute méthode d'observation est une méthode concrète
et que depuis un certain temps déjà on applique
aux sciences sociales la méthode d'observation.

Dans l'ancienne école libérale, l'observation,
il est vrai, tenait beaucoup moins de place
que le raisonnement. Plus récemment, Moli-
nari se bornait encore à déduire tout son système de la loi de l'offre et de la demande et de
la loi de relation entre la productivité et la
poursuite de l'intérêt personnel : fait économique et fait psycho-économique incontes-
tables. Le collectivisme marxiste est conditionné
par tout un ensemble de déductions qui repo-
sent sur trois faits d'expérience (conformes ou
non à la réalité, nous n'avons pas à l'examiner
ici) : loi de la population, loi d'airain, loi de

concentration des capitaux. Parmi les contemporains, Walras et son école appliquent à l'Économie politique la méthode mathématique. Ils traduisent le salaire, le profit, la rente, la valeur, en quantités variables dont le calcul mesure les variations. Les réalités concrètes de la science économique sont ainsi transformées en abstractions mathématiques. Rien n'est plus précis et plus abstrait tout ensemble que la notion mathématique de quantité ; mais l'emploi de cette méthode (quelque intérêt qu'elle présente par ailleurs et que je ne discute pas) a pour effet de substituer, à l'étude des phénomènes concrets et de leurs rapports réels, l'étude de rapports abstraits entre notations symboliques des réalités.

Au contraire, les économistes libéraux comme Leroy-Beaulieu, les défenseurs de l'Économie politique nationale comme Cauwès, les coopérationistes comme Gide, les étatistes, les socialistes indépendants, induisent leurs conclusions de l'ensemble des observations plus ou moins nombreuses qu'ils ont groupées. Le rôle de l'intelligence se borne alors à élaborer, ordonner, organiser les matériaux accumulés par l'observation. L'observation joue donc, dans presque toutes les écoles actuelles, un rôle prépondérant.

Mais leur méthode d'observation est : — fragmentaire, car elle ne porte guère que sur une partie de la réalité, la technique de la productivité et les résultats matériels de la production ; — abstraite et non concrète, car la réalité ainsi observée ne l'est qu'au travers des documents écrits qui l'expriment ; ce qui conduit à travailler moins sur les réalités que sur un mode de représentation des réalités. A côté de cette méthode, par conséquent, peuvent prendre utilement place d'autres procédés de recherche.

Le Play et son école, et ceux qui s'inspirent de leur méthode, observent directement le fait social. Leur document, c'est le fait social lui-même, le fait concret : investigation féconde, mais qui n'épuise pas encore la réalité sociale, car elle s'adresse uniquement au fait social réalisé et non en voie de réalisation, donc inerte et devenu déjà dans une certaine mesure une sorte d'abstraction. Cette méthode d'enquête, familière à M. du Maroussem, a été utilisée récemment par des socialistes, les frère Bonneff[1]. Mais le phénomène social y est envisagé après sa production et non au moment où il est produit ; il est reçu, cristallisé et semblable

1. Voir leur livre, très vivant et très poignant, *La classe ouvrière,* édité à *La Guerre sociale.*

à une chose morte, par l'enquêteur, au lieu d'être saisi *au moment même* où il apparaît et dans ses relations intimes avec les antécédents et concomitants qui le font apparaître ; il est assurément observé dans la série à laquelle il appartient, mais non dans la série *vivante* ; il est abstrait, non pas de la réalité, mais de la réalité vivante.

Il est clair que, quel que soit le mode d'observation, dès lors qu'un fait est observé, il est, par cela même qu'observé, isolé, et donc abstrait. L'aperception d'un fait, c'est-à-dire sa perception réfléchie, même la simple perception, est déformatrice de ce fait dans une certaine mesure puisqu'elle l'intègre à la sensibilité unifiante du sujet percevant ; elle est déformatrice du réel dans la mesure où elle en est formatrice. Observer, c'est déjà d'une certaine façon abstraire.

Mais le minimum d'abstraction se rencontre au moment précis où la réalité, se produisant, est perçue, et, aussitôt que perçue, est retenue par l'observateur. L'observation la plus concrète possible est celle qui accompagne la production du phénomène lui-même. Lorsque l'observation du phénomène est liée à sa genèse, l'observateur saisit tout ce qui peut être saisi de la réalité. Dans la méthode des enquêtes, l'enquêteur recueille après coup les faits et doit reconstituer le tissu dont ils formaient la trame ; n'en ayant pas une expérience personnelle, il ne les connaît pas dans la continuité et le mouvement de leur vie ; il les ramasse et les groupe comme on recueille et agence des matériaux inertes pour fabriquer un objet ; le phénomène social vivant est étudié et utilisé comme quelque chose de mort. La méthode de l'enquête est certainement féconde et l'on doit y recourir. Mais son procédé mécanique et son point de vue statique ne lui permettent pas d'épuiser la réalité et laissent un champ fructueux d'application à une méthode différente : en se plaçant à un point de vue dynamique, on se proposera l'étude de l'activité sociale, des phénomènes sociaux vivants, des réalités sociales vivantes. Il s'agira de procéder à l'observation vivante du phénomène vivant : l'observateur s'efforcera de saisir sur le vif le fait social à l'instant même où il s'exprime, et de l'exprimer comme il s'exprime ; il se proposera d'observer et, au besoin, d'expérimenter le phénomène social *à l'état naissant*. Sa réflexion interviendra aussitôt, son intelligence fera son œuvre, mais en travaillant immédiatement sur le donné et en s'attachant à demeurer toujours aussi intimement unie que possible à la réalité ainsi surprise. Il conviendra de surprendre le phénomène et de demeurer, autant qu'il se peut, au ras des faits pour les interpréter. Cette méthode peut donc être qualifiée éminemment et dans un sens plein de concrète.

Je ne veux pas dire que j'ai su correctement appliquer une méthode ainsi définie, mais seulement que j'en conçois ainsi la nature.

Cette méthode n'exclut aucune des autres méthodes *a priori* ou *a posteriori* dont on a fait usage en pareille matière : elle les complète, mais ne les remplace pas ; loin de les abolir, elle s'y ajoute, suppléant à certaines de leurs insuffisances. Chacune de ces méthodes apporte sa contribution particulière à la science sociale, soit en matériaux, soit pour la manière d'interpréter suivant son point de vue propre la même réalité.

Les diverses méthodes valent en outre comme contrôle réciproque. Si leur application conduit par des voies diverses et convergentes à une même conclusion, celle-ci en reçoit plus de prix. Il se peut, au contraire, que l'une des méthodes, en mettant en évidence des réalités que l'autre ignore, limite la portée des conclusions que formule cette dernière ou circonscrive son champ d'application. Nous verrons que c'est précisément le cas des rapports de la méthode concrète et de la méthode de l'Economie politique libérale : celle-ci a mis en puissant relief les conditions de la productivité la plus intense, mais, se préoccupant uniquement de cette productivité et non du producteur, elle a cru justifier, par l'intensité de la production, la souffrance du producteur. Cette extension abusive d'une vérité technique n'est plus possible lorsque les faits sont étudiés du point de vue de la méthode concrète : l'importance de la technique de la productivité subit la limitation des légitimes exigences de l'homme ; le point de vue humain réduit à sa juste valeur l'importance du point de vue matériel ; le producteur y apparaît plus intéressant que le produit, parce qu'il l'est en effet.

Dans la méthode concrète telle que je l'ai définie, l'observateur fait partie de cette réalité qu'il observe sur soi et hors de soi. La réaction de la sensibilité subjective au contact de la réalité objective fait partie de sa recherche ; elle se propose à ses investigations, loin d'y échapper. L'étude des phénomènes sociaux est, par définition (étant l'étude des *phénomènes*), l'étude de l'aspect du réel qui est relatif au sujet connaissant. La méthode *a priori*

ne permet que d'envisager le travail d'élaboration interne auquel le sujet se livre à propos
des phénomènes sociaux; la méthode *a posteriori* des libéraux, faisant abstraction de l'homme, n'envisage pas la réaction de l'intéressé,
elle mutile donc le phénomène; la méthode *a
postériori* d'enquête, faisant abstraction de la
réaction sensible du sujet observant, ne saisit
encore qu'une partie de la réalité. Dans la
méthode d'observation personnelle vécue, aucun élément du phénomène social n'est éliminé,
tous les aspects du réel relatifs au sujet connaissant sont étudiés.

On peut se demander si une telle recherche
n'est pas entachée d'un subjectivisme contradictoire à l'objectivité que semble requérir une
méthode concrète.

Répondons d'abord que, dès que nous en-
trons en contact avec les phénomènes exté-
rieurs, nous analysons et faisons choix en vue
de réduire au connu les éléments de l'inconnu
dissociés par l'analyse. Ce travail s'accomplit
grâce à une élaboration active de notre enten-
dement. Son aboutissement consiste en une
nouvelle synthèse, c'est-à-dire en l'établis-
sement de relations entre les éléments analysés,
et entre ces éléments et nos connaissances antérieures; autrement dit, en un système de

dépendances intrinsèques et extrinsèques à l'objet observé ; les dépendances extrinsèques à cet objet sont les dépendances de cet objet par rapport à d'autres objets déjà étudiés et classés, c'est-à-dire intégrés à notre moi, et par conséquent des dépendances de cet objet par rapport à notre moi. Cette part de subjectivisme inéliminable se retrouve dans toutes les sciences positives, dans les sciences de la nature physique. Elle se retrouve à un plus haut degré dans la science économique positive, puisque l'activité productrice de l'homme est un des objets de cette science. Néanmoins les économistes libéraux font presque complètement abstraction de l'homme, du sujet, du moi. Or, dans la science sociale, le sujet humain est tout entier, soit directement, soit indirectement, objet de cette science. Il en est de même dans la science sociale économique, le travail de l'homme n'étant isolable de l'homme et de ses autres formes d'activité que par abstraction. Éliminer ici le sujet, c'est mutiler l'objet. Pour être complètement objective, la science sociale doit être en partie traitée subjectivement. Loin d'omettre cette considération du sujet, la méthode concrète devra faire au sujet toute sa part. L'homme — sa sensibilité, sa volonté, son intelligence — fait essentiellement partie de la réalité économique objectivement envisagée : il est vain de prétendre parvenir à la connaître si l'on en élimine tout d'abord cet élément.

La méthode d'observation sociale dite objective, qu'emploient les libéraux, exclut donc à tort de sa recherche le travailleur lui-même, le jeu et les réactions de son individualité sous l'influence des autres ouvriers, de la profession, de la famille, de l'employeur, de l'État. Elle ne se propose d'autre étude que celle du contrat de travail, des conditions matérielles et légales du travail dans leur rapport avec sa productivité, des conflits du travail et du capital, des relations du travail et de l'État. Cependant le travail n'existe pas en dehors du travailleur ; le travail et l'organisation du travail ont leur retentissement dans le travailleur et sont pour une large part conditionnés par lui, c'est-à-dire par les nécessités de sa vie psychique et morale. Prétendre organiser le travail sans connaître les exigences psychiques de ceux qui travaillent, c'est tenter la réalisation d'une œuvre qui n'est pas viable. Il importe donc d'étudier ce qu'éprouve l'ouvrier, la manière dont il exprime son impression, les aspirations qui naissent en lui à la suite de l'impression éprouvée, l'évolution de ces aspira-

tions laissées à elles-mêmes, ou spontanément
élaborées par la conscience où elles apparais-
sent, ou réfléchies et cultivées soit par les travailleurs eux-mêmes, soit par des personnes
étrangères à leur classe. Ainsi seulement l'on
peut déterminer les conditions psychiques et
morales du travail, les relations entre le travail
et la psychologie du travailleur. Le problème
social ne doit pas être envisagé que d'un point
de vue extérieur, matériel et inerte, mais aussi
d'un point de vue intime et vivant. A l'étude
des produits de l'activité de l'homme, il convient d'ajouter celle de cette activité même, de
l'homme lui-même en état d'activité. Une telle
étude n'est possible que par une enquête personnelle, enquête en action et dans une certaine mesure introspective, mais qui, s'exerçant sur soi et sur les autres, sera conduite au
point de vue moral et psychologique. Ce qui
caractérise essentiellement une telle méthode,
c'est qu'elle envisage l'homme comme un fait
économique, comme un fait social et comme
le plus essentiel. Elle étudie quelles réactions
produisent en lui les faits objectifs matériels,
se préoccupe du retentissement de ces faits sur
l'activité propre de l'observateur et des autres
hommes observés, saisit les relations entre les
faits matériels et l'activité psychique et morale

des individus associés à ces faits, s'efforce enfin de ne pas détruire la trame vivante et vécue des phénomènes sociaux au premier rang desquels elle place l'homme lui-même [1].

Notre méthode complète donc les autres méthodes précédemment employées dans la science économique.

Mais ne serait-ce pas une méthode purement littéraire ? et, si cette méthode est scientifique, ne conduit-elle pas simplement à une science pragmatique ?

M. Lanson écrit [2] : « Il n'y a de science que

---

1. Si cette méthode concrète de l'observation vécue ajoute beaucoup à notre connaissance de la réalité économique et sociale telle qu'elle nous apparaît, elle ne l'épuise pas encore : au delà de la science sociale s'ouvre le domaine de la métaphysique sociale. Tandis que l'une ne saisit la réalité que dans son rapport avec le sujet, l'autre se propose d'atteindre la réalité dans son rapport avec l'universalité des choses : « On suppose à tort que la science empirique fournit une » connaissance intensivement complète du *réel*, alors qu'elle » se tient tout entière sur le plan du *phénomène* et n'atteint » donc du *réel* que son aspect relatif au sujet connaissant ; » pour atteindre le réel comme objet, posé en lui-même, il » faut de plus, par la collaboration de l'ensemble des sciences » afférentes et de la métaphysique, procéder à une recon- » struction critique qui est, à proprement parler, la tâche de » la *philosophie naturelle*. Nous n'insisterons pas sur les diffi- » cultés qui hérissent cette tâche synthétique et sur le sens » critique très sévère qui doit y présider... » (Joseph Maréchal, *Science empirique et psychologie religieuse*, dans les *Recherches de science religieuse*, janvier 1912, p. 21.)

2. *La littérature et la science*, p. 325.

» du général, et la science par conséquent
» exclut de sa considération tout ce qui est
» particulier, individuel, partant le concret,
» le sensible, la vie enfin…. ; mais justement
» ces aspects particuliers, ces qualités indivi-
» duelles des êtres et des choses, la vie dans la
» multiplicité insaisissable de ses formes dont
» chacune est unique et paraît une fois pour
» disparaître à jamais, tout cela, c'est ce que
» l'art et la littérature imitent et s'efforcent de
» fixer dans leurs œuvres… Si bien que la litté-
» ture et l'art se servent de ce que la science
» rejette pour nous conduire à ce que la science
» n'atteint ni ne cherche. » Le Dr Grasset cite [1]
ce passage en l'approuvant. On pourrait re-
prendre cette argumentation pour me reprocher de faire du roman, une œuvre d'art et
non de science.

Il n'y a en effet de science que du général.
Mais le général est atteint à travers les cas particuliers. La science d'observation recherche et
accumule les cas particuliers pour parvenir au
général. Si la science *a priori* exclut, par définition, le concret, la science des faits ne l'exclut pas nécessairement : elle peut, il est vrai,
n'envisager que des faits ramenés à l'état d'une

1. *Les limites de la biologie*, p. 86.

sorte d'abstraction ; mais c'est que la semi-abstraction à laquelle elle s'attache suffit au but qu'elle se propose ; la partie de la réalité qu'elle délaisse, une autre science se chargera de la recueillir. Les sciences qui étudient le concret comme s'il était abstrait, le sensible comme s'il ne l'était pas, le vivant comme s'il était inerte, abandonnent, par cela même, le concret, le sensible, le vivant, à d'autres sciences. Les sciences qui les répudient, les répudient parce qu'elles n'en ont nul besoin pour l'étude qu'elles poursuivent ; mais, par cela même, elles rendent possible, désirable, nécessaire, une telle étude par d'autres sciences ; l'étude du concret, du sensible, du vivant, ressortira précisément aux sciences qui se proposeront d'étudier le concret, le sensible, le vivant. Tandis que les sciences de la première catégorie sont plus ou moins symboliques, les sciences de la seconde sorte sont essentiellement réalistes. Le défaut des sciences symboliques s'aperçoit vivement aujourd'hui : leur divorce d'avec la réalité est trop profond ; elles nous permettent encore d'agir sur le réel, mais elles ne nous permettent plus de le connaître. C'est par l'étude vivante de la vie que l'on peut arriver à connaître la vie réelle ; par l'étude humaine de ce qui est humain, que l'on peut parvenir à connaître l'homme réel ; et c'est par l'accumulation des cas réels qu'il est possible de passer des réalités particulières à des réalités générales. Une telle méthode s'impose partout où l'homme, dans l'activité même de sa vie individuelle et sociale, constitue l'objet propre de l'investigation scientifique.

Quoi qu'en pense M. Lanson, la véritable différence entre une œuvre de science positive et une œuvre d'art littéraire ne tient pas à ce que l'art s'attache au « concret », au « sensible », à « la vie enfin... dans la multiplicité » — parfaitement saisissable d'ailleurs — « de ses formes », tandis que, tout cela, la science le rejette. Cette différence substantielle réside en ce que la science d'observation soumet l'esprit du savant à l'objet qu'il observe, tandis que l'art en affranchit l'artiste : l'artiste imagine et crée, le savant s'incline ; l'artiste imagine et crée en dehors des faits réels et parfois contre eux, même quand il les prend pour point de départ ; le savant s'incline devant les faits qu'il constate. Lanson, du reste, le reconnaît : « L'expérience de Claude Bernard tire sa valeur » de ce qu'il la fait réellement, et elle dément » parfois son hypothèse. Celle de M. Zola se » passe dans son esprit et soyez sûr qu'elle ne » contredit jamais l'hypothèse. Faute d'avoir

» tenu quelque part, en un coin de ce pauvre
» monde, un vrai Coupeau, une vivante Renée,
» comme l'a fait observer M. Brunetière, et de
» leur avoir fait subir en effet toutes les modi-
» fications physiologiques qu'il détaille, notre
» disciple de Claude Bernard n'est plus qu'un
» Jules Verne [1]. » Mais la méthode concrète en
science sociale diffère essentiellement des méthodes littéraires employées pour confectionner
un roman : les faits ne se passent pas dans
l'esprit de l'auteur, mais dans la réalité même,
directement observée et personnellement vécue.

Au surplus, quelle que soit la différence fon-
damentale entre l'art et la science, ils ne restent
pas absolument étrangers l'un à l'autre : l'art
peut partir de l'observation scientifique, et
l'application des méthodes scientifiques exige
de celui qui les pratique un certain art. Notre
esprit ne fonctionne jamais sans que toutes ses
puissances ne participent à des degrés divers
à son fonctionnement ; tous ses éléments se
pénètrent ; leur distinction rigoureuse existe
dans nos analyses plus que dans la réalité.

Nous nous trouvons avoir déjà implicitement
résolu, par ce qui précède, la question de savoir si la méthode concrète en science sociale
conduit à une doctrine sociale pragmatique :

[1]. *Id.* p. 32.

puisque notre recherche est essentiellement réaliste, elle ne peut être conçue comme amenant à systématiser un certain nombre de signes de la réalité dont le symbolisme ne vaudrait que par l'effet utile des règles pratiques qu'il permettrait d'énoncer.

Cependant l'on pourrait être tenté de nous appliquer l'interprétation anti-intellectualiste qui a été donnée, ces dernières années, des doctrines du marxisme et du syndicalisme révolutionnaire. On a remarqué que ces doctrines — surtout la seconde — faisaient appel à l'utilité des groupes sociaux, aux intérêts de classe conscients ou subconscients, à la vie sociale réelle et aux instincts qu'elle développe par son propre déroulement. Pour K. Marx, « le groupe social » par excellence, c'est la classe, et le facteur » explicatif par excellence, c'est l'utilité de ce » groupe social, l'intérêt de classe. Les phéno- » mènes historiques s'expliquent donc par des » intérêts de classe, soit inaperçus ou incon- » scients..., soit devenus clairement conscients » d'eux-mêmes ; et ces intérêts de classe appa- » raissent comme liés, ainsi que la différencia- » tion même des classes à chaque époque, avec » les changements dans la technique de la » production. Cette formule marxiste de l'utili- » tarisme social, nous en retrouvons chez

» M. Sorel, et d'une façon générale chez les
» théoriciens du syndicalisme révolutionnaire,
» l'empreinte ineffaçable.... Nous rencontrons
» également chez eux des formules et des thèses
» romantiques. Ils opposent aux théories so-
» ciales, qui leur paraissent des jeux intellec-
» tuels de peu d'importance, la vie sociale dans
» sa réalité, c'est-à-dire la vie ouvrière, qui
» est à leurs yeux l'essentiel même de la vie
» sociale, et les instincts que cette vie déve-
» loppe avec elle par son propre déploiement.
» Ils opposent le point de vue de la vie ouvrière
» et du travail productif avec le point de vue
» de l'échange qui est celui de l'économie
» bourgeoise, comme un développement orga-
» nique, qui se fait du dedans au dehors, avec
» une relation purement mécanique entre des
» termes homogènes. Ils opposent encore la
» vie ouvrière, l'action de classe, qui se mani-
» feste dans les syndicats, au mécanisme im-
» puissant de la politique parlementaire. Cette
» vie crée, pour se guider, des images my-
» thiques, plus ou moins analogues aux mythes
» religieux et dont il n'y a pas lieu de se deman-
» der si elles sont vraies ou fausses, mais seu-
» lement quelle en est la valeur pratique. C'est
» sur ces notions romantiques de vie, de déve-
» loppement organique, d'instinct, de mythes,

» que repose la critique des tendances intel-
» lectualistes et mécanistes, soit de l'économie
» bourgeoise, soit des écoles socialistes parle-
» mentaire, réformiste, juridique, etc.... [1] »

Ces doctrines syndicalistes accordent en effet
un rôle prépondérant, dans l'évolution sociale,
à la *vie* ouvrière, à l'*instinct* de la classe ouvrière, et concluent à la supériorité de la spontanéité intérieure sur la conscience réfléchie.
Telle n'est pas la caractéristique de l'élaboration doctrinale que la méthode concrète permet de réaliser. Cette méthode accorde en effet
une importance capitale à la vie ouvrière dans
sa réalité actuelle et dans son dynamisme évo-
lutif, à la sensibilité ouvrière et aux aspirations
obscures, aux instincts que développe l'activité
même de cette vie; mais ni elle n'exclut l'intelligence ouvrière et l'action de cette intelligence,
ni elle ne l'oppose au sens profond mais mal
défini de la vie ; au contraire, elle tend à dégager de la conscience obscure la conscience claire
et à éclairer la conscience par l'intelligence ;
elle vise à réaliser l'union entre le sentiment
de cette existence d'ouvrier et la réflexion active appliquée à ce sentiment ; l'intelligence
discrimine et critique le réel tel que la sensi-

1. Berthelot, *Sur le pragmatisme de Nietzsche*, dans la *Revue
de métaphysique et de morale*, mai 1909, p. 408-409.

bilité l'a reçu. Très certainement la vie ouvrière se manifeste dans un développement organique qui diffère des relations purement mécaniques dans lesquelles l'économie politique libérale (et, en une très large mesure, le marxisme) fait consister toute la vie économique des sociétés. Mais ce développement organique n'est pas pour cela soustrait à l'action de l'intelligence, puisqu'elle-même en fait partie, ni aux limites que ces relations mécaniques lui imposent, puisque les limites que ces relations expriment se retrouvent dans la réalité même. Ce qui s'oppose véritablement, c'est une conception *purement* dynamique de la vie sociale et une conception de la vie sociale *purement* statique. Cette opposition est artificielle : elle est dans les esprits, non dans les choses. La réalité sociale est la résultante de l'un et de l'autre de ces éléments : dans la vie sociale il y a du vivant et de l'inerte ; il y a une tendance toujours active et une limite que l'activité de cet effort rencontre. Pour être viable, l'organisation sociale doit tenir compte de ces deux éléments.

Une doctrine n'exprimera donc la réalité que si elle se soumet à la fois aux inspirations de la conscience et aux jugements de l'intelligence, au rythme spontané de la vie et aux

formules qui établissent le rapport nécessaire
de la vie et des faits au travers desquels la vie
se développe. Aussi la méthode concrète, qui
vise à atteindre à une doctrine dans laquelle la
réalité s'exprime, exige-t-elle que l'intelligence
reste en contact immédiat avec les faits perçus
au dehors ou révélés par la sensibilité : la
réflexion, restant intimement liée aux choses,
élimine toute idée qui n'apparaît pas en con-
nexion avec la réalité même. Les phénomènes
sociaux, étant ainsi étudiés avec l'homme et en
fonction de l'homme, gardent toute leur réalité
et toute leur extension réelle, toute leur substance et toute leur signification : ils permettent de déterminer plus sûrement les formules
de notre action sur ces phénomènes, la direction qu'il convient de leur imprimer et les
réformes que nous pouvons leur imposer; nous
connaissons alors assez le réel pour espérer
pouvoir agir sur lui.

On aperçoit aisément la portée d'une telle
méthode. Ce qui la caractérise, c'est qu'elle
est essentiellement humaine, étant psychologique et morale : les phénomènes économiques
sont étudiés dans leur liaison avec l'activité
économique de l'homme, laquelle ne peut être
vraiment connue si l'on ne détermine son reten-

tissement sur les autres formes de l'activité humaine et les modifications qu'elle subit sous l'influence de ces autres formes d'activité. Le point d'application de la méthode concrète n'est pas seulement le travail et les conditions matérielles du travail, mais aussi, et en relation avec ces faits, le travailleur, sa sensibilité, sa volonté, son intelligence, sa famille, son foyer, son milieu politique, moral et religieux. La solution du problème économique n'apparaît plus comme susceptible d'être envisagée, ainsi qu'en économie politique abstraite ou dans toute l'économie politique libérale, indépendamment de ces diverses considérations extra-économiques ; la question de la production de la richesse, que l'économie politique classique réduisait à la recherche de la plus grande intensité et du meilleur marché de la production, est, en réalité, étroitement liée et même subordonnée aux questions que soulèvent la nature psychique et morale et les besoins matériels et spirituels de l'homme. La méthode concrète, par l'analyse de la nature humaine du travailleur, permet de comprendre que certains systèmes sociaux sont impossibles ou mauvais parce qu'ils sont contraires à cette nature ou parce qu'ils la dégradent ; au regard de la nature humaine, ils sont ou utopiques monstrueux. La méthode concrète permet ainsi de retrouver, à travers les transformations que les sociétés subissent, ce qui, dans la nature humaine, ne change pas, conditionnant, limitant et inspirant les forces d'évolution.

Les économistes orthodoxes ont pu mettre à nu quelques-unes des lois fondamentales que la nature des choses oppose au caprice des révolutions ou à la générosité de nos rêves : il serait tout à fait vain, par exemple, de prétendre ne pas tenir compte des effets de l'offre et de la demande ou du stimulant de l'intérêt personnel. Mais ces économistes ont eu le tort de croire que, toute la science sociale se réduisant à la science de la richesse et toute la science de la richesse se ramenant au point de vue de la plus grande intensité de la production et du meilleur marché des produits, l'organisation sociale tout entière devait seulement reposer sur le libre jeu de l'offre et de la demande et sur le déchaînement de l'intérêt personnel. Le point de vue exclusivement matériel et matérialiste de l'économie politique marxiste est identique à ce point de vue exclusivement matériel et matérialiste de l'économie politique libérale : le système collectiviste n'est que le prolongement du système libéral, son plein épanouissement, sa maximisation. Les collectivistes de l'école de K. Marx, eux aussi, subordonnent la vie intellectuelle et morale à la vie matérielle, l'homme à la machine, le producteur au produit, l'ouvrier à l'usine et absorbent l'individu dans la société. Pour les uns et pour les autres, une seule chose est essentielle : produire de la richesse. Que l'ouvrier souffre, qu'il meure, cela n'intéresse pas : s'il souffre trop pour supporter la fatigue d'un travail intensif, on l'élimine ; s'il meurt, on le remplace ; si le réservoir local ou national de bras s'épuise, on fait appel aux bras du dehors, des pays voisins ou des autres continents. L'homme est une matière première comme une autre : la machine réclame sa pâture de combustible, de minerais et d'ouvriers ; on lui donne charbon, fer et viande humaine. Qu'importe qu'au salarié soit interdite la vie familiale ! La question n'est pas qu'il possède un foyer avec ses responsabilités et ses joies, mais que sa production d'enfants, ou, si cette production est insuffisante, l'apport de peuples plus prolifiques permette de renouveler la fourniture de bras dont l'usine a besoin. Qu'importe que la vie du salarié soit abrégée par l'excès de travail et de privations, pourvu que l'on trouve toujours à alimenter, en salariés, l'industrie ! Toute l'économique consiste à créer de la richesse : il convient d'organiser le travail de telle façon que, dans le monde, la somme des richesses produites s'accroisse ; si les statistiques accusent cet accroissement, l'économiste libéral se réjouit ; dans le cas contraire, il se lamente ; son état d'âme est sous la dépendance de l'unique point de vue auquel s'est placé son esprit. Une machine nouvelle doit-elle augmenter le rendement ? Qu'on se hâte de la mettre en usage. quelle que soit la diminution de main-d'œuvre qu'elle entraîne, quelque trouble qu'elle jette dans le monde des ouvriers en y semant, avec le chômage, la faim ; si les ouvriers exaspérés se laissent aller à quelque acte de violence, l'Etat fait intervenir la force armée pour assurer la sécurité des machines. Ce régime de la richesse est aussi le régime de la misère, et ce régime de liberté, un régime d'esclavage. Loin que la machine soit soumise au travailleur, c'est le travailleur qui est soumis à la machine. Qu'il en soit le serviteur direct ou qu'il supplée au travail que les machines ne peuvent exécuter, dans les deux cas il devra fournir un travail *intensif*[1] : le patron, uniquement soucieux du plus grand rendement et d'ailleurs astreint à ce souci par

1. Ce que l'on a appelé le *système Taylor*, du nom de son inventeur américain.

les rigueurs de la concurrence, élimine tous
les ouvriers incapables d'un travail intensif et
épuise, par l'intensité même de leur travail, les
ouvriers capables d'y satisfaire ; ces ouvriers
n'atteignent pas la vieillesse ; « où donc sont
vos ouvriers? » demandait-on à un industriel
américain ; l'industriel, pour toute réponse,
conduit son visiteur au cimetière. Que l'ouvrier
meure jeune, mais qu'il produise davantage !
Les organisateurs d'une entreprise nouvelle,
tout comme les administrateurs d'une entreprise ancienne, obéissant à la même préoccupation, tiennent compte des exigences du capital et des nécessités techniques de l'affaire,
mais se refusent à prendre en considération
les besoins des hommes qu'ils emploient :
conséquences fatales de cette idée païenne que
la société doit être organisée en vue de produire de la richesse et non d'assurer aux travailleurs, sans lesquels cependant nulle richesse ne peut se créer, une dignité, une ai-
sance, une indépendance, une vie familiale,
un peu de joie, qui sont les exigences les plus
impérieuses et les plus légitimes de notre
nature.

Même à l'unique et strict point de vue économique, le système libéral, tel qu'il est im-
pliqué dans sa propre méthode, offre un très

grave inconvénient : en dehors des crises ai-
guës de surproduction, les sociétés soumises à
ce régime demeurent dans un état à peu près
permanent de surproduction. Pour y remédier,
on s'efforce de créer des besoins nouveaux,
c'est-à-dire de susciter des désirs chez tous les
consommateurs et par conséquent chez les
travailleurs, de transformer ces désirs en passions et même ces passions en vices. Les capitalistes, pour satisfaire leurs nouveaux besoins,
sont ainsi conduits à disputer plus âprement
aux salariés les bénéfices industriels et com-
merciaux, et les travailleurs sont amenés à
travailler davantage pour pouvoir acheter davantage. Le procédé imaginé pour écouler les
produits surabondants a pour effet de rendre
plus aiguë la crise suscitée par le problème de
la répartition, et de faire en même temps su-
rabonder plus encore les produits ; l'état patho-
logique de surproduction ne disparaît pas,
mais le remède employé empire la situation
du travailleur qui se trouve lié plus étroitement que par le passé à une tâche plus absor-
bante et plus épuisante. Il est vrai que l'apparition des besoins nouveaux nécessite également la production d'objets nouveaux, donc la
création d'industries nouvelles qui constituent
un supplément de débouchés pour les ouvriers ;

mais la satisfaction de ces besoins portant sur des objets nouveaux exige des ressources plus considérables ; en se compliquant, la vie devient plus chère, l'ouvrier réclame de plus forts salaires, d'où, pour l'industrie, un surcroit de difficultés ; si les salaires augmentent, le prix du produit augmente proportionnellement et par suite le coût de la vie s'accroît encore. De même que la crise de surproduction n'avait pas disparu par l'apparition de besoins nouveaux, la crise des salaires et les conflits qu'elle suscite ne disparaissent pas par l'apparition d'industries nouvelles. C'est qu'en vérité, en subordonnant l'homme et la vie des sociétés à la production de la richesse, on a renversé l'échelle des valeurs, méconnu les rapports normaux des divers éléments et facteurs sociaux.

Les économistes libéraux, ayant réduit toute l'économie sociale à la considération de la production de richesses matérielles et ayant constaté que cette production était plus abondante dans une société fondée sur l'intérêt personnel et la libre concurrence des intérêts, ont été logiquement amenés à formuler une morale basée sur ces principes de leur économie politique. Nécessairement, l'économique ne tenant plus compte de la morale, la morale devait tenir compte de l'économique ; la morale, ne fondant, n'inspirant ni ne limitant l'économique, devait être limitée et inspirée par elle et même fondée sur elle. « *La morale de la concurrence* »[1] a légitimé et exalté le régime économique qui salit et broie tant de vies humaines : l'écrasement et l'élimination des faibles par les forts, la recherche passionnée de l'intérêt personnel et donc aussi le déchaînement de tous les appétits, leur mêlée, leur concurrence et leur lutte, la guerre d'individu à individu et de groupe à groupe, et, pour parler comme les socialistes révolutionnaires qui n'ont fait qu'ajouter une formule nouvelle aux réalités libérales, la guerre de classes, — cette conception sauvage de la vie sociale, commune aux libéraux et aux collectivistes, aux capitalistes et aux révolutionnaires, découle directement de l'idée que produire de la richesse est l'unique raison d'être de la société et le but suprême assignable aux efforts des hommes. Notre civilisation industrielle, fondée tout entière sur le principe de l'économie classique que la fin des individus et des sociétés est la production de la richesse matérielle, est donc essentiellement malfaisante. Or il est non

1. Voir Yves Guyot.

moins incontestable que la science économique doit se préoccuper de définir les conditions matérielles de la production de la richesse matérielle et de son maximum de production, et que, de ce point de vue, il n'y a pas lieu de tenir compte de l'homme et de ses besoins moraux. Mais — et c'est là ce qu'ont eu le tort d'oublier les économistes et sociologues libéraux — lorsque nous appliquons à la société humaine les conclusions de la science de la richesse, nous devons, la richesse étant faite pour l'homme et non l'homme pour la richesse, subordonner cette *Chrématistique* aux besoins humains des hommes, et l'utiliser pour organiser la société au lieu d'ordonner la société tout entière aux fins de la science des richesses. L'économie politique libérale, à raison de sa méthode propre et de son point de vue spécial, nous permet de définir les conditions matérielles d'une production plus ou moins intense de richesses matérielles. Mais nous restons juges de leur utilisation et maîtres de leur application, et nous nous garderons de faire entrer ces lois matérielles de la production dans le jeu de la vie des sociétés sans nous préoccuper des lois morales, des lois humaines de la production : la méthode concrète nous permet précisément de définir ces dernières.

En science sociale, comme en toute science, la méthode enveloppe déjà les conclusions. La méthode des économistes libéraux, excluant toute considération de l'homme, conduit nécessairement à des conclusions extra-humaines et, par suite, à des conclusions anti-humaines. C'était un singulier paradoxe que de voir toute l'économie politique, c'est-à-dire l'étude de l'activité économique de l'homme, se construire en faisant abstraction de celui qui, exerçant cette activité pour lui-même, en est à la fois l'origine et le but. C'était plus qu'un paradoxe : une absurdité. Elle résume toute l'économie classique. Si nous appliquons une autre méthode qui réintroduise l'homme dans le jeu des phénomènes économiques, toutes les conclusions changent. La vue immédiate, la sensation même de la vie ouvrière toute palpitante de besoins, de douleurs et d'aspirations, nous conduit à la conception vraie de la science sociale, celle qui vise à sauvegarder la dignité humaine.

Il nous reste à étudier rapidement l'utilité, les difficultés, les conditions et les limites de la méthode concrète.

L'utilité de la méthode concrète ressort déjà de tout ce que nous venons de dire sur sa portée. Il convient d'en apporter quelques autres preuves. D'une façon générale, ce mode nouveau d'investigation permet de saisir un nombre important de faits et de rapports entre les faits qui échappaient aux anciens procédés de recherche. Une méthode se justifie toujours par sa fécondité et, dès ses débuts d'application, celle-ci, bien que maniée par des novices, s'est révélée féconde. Il n'en pouvait être autrement puisqu'elle étudiait des fait anciens à un point de vue nouveau et puisqu'elle atteignait des faits qui échappaient aux anciennes méthodes. On savait, par exemple, que l'introduction de nouvelles machines produisait un trouble considérable dans la vie des ouvriers ; mais on ne disait pas que ce fait avait sa source dans l'activité scientifique de l'intelligence humaine et trouverait son remède, non dans la science, mais dans une autre forme de l'activité intellectuelle de l'homme ; la science de la nature matérielle est une force aveugle et stupide comme la nature elle-même et qui sème indistinctement et inconsciemment le bien et le mal ; la science de l'Esprit seule peut empêcher ou réparer les maux déchaînés par l'esprit de la Science, en maintenant ou rétablissant l'équilibre que celui-ci détruit. Toute la psychologie du travailleur échappe aux anciennes métho-

des : c'est en l'étudiant, et sur les ouvriers observés et sur soi-même, que l'observateur peut
déterminer les relations psychologiques qui
existent entre le travail et le travailleur, découvrir les bases psychologiques d'une organisation économique donnée, mettre en relief ce
qui, psychologiquement, permet de dire de
cette organisation qu'elle est ou non normale
et par conséquent viable. La nécessité de
cette analyse a été depuis longtemps reconnue : les libéraux n'avaient-ils pas mis en
évidence l'influence, sur la production, de la
poursuite de l'intérêt personnel ? Cette notion
avait pour eux une importance telle qu'ils
n'hésitaient pas en faire le grand ressort de tout
leur système. Mais c'était d'une psychologie
un peu maigre : il y a dans l'homme, dans le
producteur, l'ouvrier, le consommateur, un
plus grand nombre d'éléments psychiques à
considérer. Fourier eût le sentiment de leur
complexité et de l'importance, pour la solution
des problèmes économiques, des rapports des
phénomènes psychologiques avec les phénomènes purement économiques ; mais il a étudié la question en idéologue, abstraitement et
non concrètement. Tarde a traité des rapports
de l'économie politique et de la psychologie,
mais en théoricien de la psycho-sociologie. Ce

n'est que par une prise de contact avec la vie
ouvrière, par un corps à corps avec sa réalité,
que l'on peut espérer la pénétrer et l'analyser
réellement. La vie vécue livre ses secrets. L'observateur qui, dans la mesure du possible,
s'identifie avec l'observé, peut prétendre à le
connaître ; s'il se borne à décrire son expérience, du moins décrit-il la réalité ; si la
simple description des maux dont souffre toute
une classe de la société ne les guérit pas, elle
permettra de trouver le moyen de les guérir ;
avant de découvrir le remède, il faut connaître
le mal, et une telle description garde le mérite
de faire connaître les maux réels et non des
maux imaginaires ; elle oriente vers les solutions, même quand elle ne les formule pas ;
en analysant le mal, elle dit implicitement dans
quelle direction sera trouvé le remède.

L'analyse ainsi comprise est particulièrement sûre puisqu'elle a pour point de départ
et pour champ d'action la réalité même : elle
naît du donné social et elle s'y déroule tout
entière. L'observateur peut véritablement connaître l'ouvrier puisque, devant lui, l'ouvrier
pense tout haut. Il acquiert, en outre, de la vie
qu'il observe, une expérience personnelle qui
constitue un témoignage : — je connais personnellement certaines souffrances physiques

et morales de la vie ouvrière ; — je sais, pour
l'avoir moi-même éprouvé en quêtant du travail de porte en porte, combien est découra-
geant cet état de chômage et de recherche nomade ; — je sais, par ma propre expérience,
que l'ouvrier, sa journée de travail achevée, ne
peut pas, comme l'ont rêvé quelques théoriciens, acquérir une véritable culture intellectuelle ; il est trop fatigué, il éprouve surtout
le besoin de distraction et de repos ; il devrait
donc, lorsqu'il entre dans le métier, posséder
les éléments indispensables de culture générale et de culture professionnelle, et sa journée de travail devrait être assez brève pour
qu'il pût vivre en homme, en chef de famille,
et disposer du loisir nécessaire pour conserver
et accroître les connaissances acquises dans sa
jeunesse. L'observation directe et vécue de la
vie ouvrière m'a permis, et de constater le caractère purement fictif de la liberté et de la
souveraineté politiques qui sont présentées par
les Jacobins comme des conquêtes de la Révolution française, et de voir avec tristesse, de
sentir avec épouvante à quel profond abaissement, à quelle dégradation le régime industriel
libéral issu de cette Révolution a conduit des
ouvriers cependant doués de toutes les qualités
naturelles de l'intelligence et du cœur. Je sais,
parce que je l'ai vu, que la législation du tra-

vail par l'État n'est pas adéquate aux exigences professionnelles et peut même leur être contraire : les tisseurs de Roanne ont fait grève [1] parce que la loi fixant la journée légale lésait leurs intérêts ; les intéressés seuls ont donc qualité pour légiférer sur eux-mêmes ; la profession doit gouverner la profession ; l'État est dépourvu de la compétence nécessaire ; il formule une solution générale là où conviennent les solutions particulières, et son activité législative s'inspire de préoccupations étrangères et même contraires aux intérêts qu'il s'agit de sauvegarder ; il ne devrait intervenir que pour harmoniser les législations spéciales à diverses professions ou à diverses régions, formuler les règles communes aux coutumes particulières et établir les rapports entre les divers intérêts professionnels et les intérêts économiques généraux, comme entre ceux-ci et les autres intérêts généraux du pays.

Les observations recueillies systématiquement par application de la méthode concrète peuvent être groupées, soit autour d'un métier déterminé dont on étudiera les modifications

---

1. En octobre 1902. — Voir *La Vie ouvrière*, pp. 60 et 61. — Nul n'a oublié l'exemple tout récent (novembre 1913) de la grève des mineurs du Nord provoquée par un vote du Sénat autorisant 150 heures supplémentaires de travail par an.

au contact des tempéraments et des habitudes
propres à chaque province, soit autour du caractère de l'ouvrier d'une province donnée, dont
on recherchera les modifications sous l'influence des divers métiers de cette province.
Dans le premier cas, on étudiera la profession
dans ses rapports avec les différentes psycho-
logies régionales ; dans le second, la psychologie de l'ouvrier d'une région dans ses rapports avec les diverses professions de la région. On peut aussi se limiter à la monographie
de chaque métier dans chaque pays ou province. On peut également appliquer la méthode
concrète à l'étude successive des ouvriers étrangers, chaque groupe national étant étudié en
lui-même ou dans ses rapports avec une ou
plusieurs autres nationalités. Par exemple, en
feuilletant le livre de MM^mes Van Vorst sur *L'ou_
vrière aux États-Unis*, je note au hasard quelques constatations propres à l'ouvrière amé-
ricaine et quelques autres qui corroborent celles
que j'ai faites sur l'ouvrier français. Voici pour
les premières : — aux États-Unis, on trouve
facilement, partout, de l'ouvrage, alors même
que l'on ne connaît aucun métier ; — un grand
nombre d'ouvrières travaillent, non pour sub-
venir à leur existence, mais par besoin d'indépendance afin de vivre hors de leur famille, ou

par besoin de luxe afin de pouvoir, vivant dans leur famille et à sa charge, se procurer du superflu ; — l'exploitation de la femme et des enfants, dans certains États, tient à l'absence de toute législation protectrice ; — sous l'influence générale de l'individualisme égoïste des deux sexes, la famille se fonde rarement, le mariage se dissout facilement et reste en général stérile ; la famille est une sorte d'accident et n'a pas plus de valeur qu'un simple épiphénomène social ; il n'y a pas plus de solidarité entre les

individus d'une même génération qu'entre une génération nouvelle et l'ancienne ; dans cette société pulvérulente et stérile, dont nous ne sommes encore préservés que par ce qui nous reste des institutions ou des habitudes d'autre-fois, l'individu, isolé, est sans force ; il tente en vain d'atteindre son fantôme de bonheur tout personnel ; il en poursuit désespérément la trompeuse image ; égoïsme et stérilité, illusion et souffrance, tout cela reste en liaison avec sa religiosité protestante, vague, vide, purement formelle, dont les multiples modalités ne re-tiennent que pour un temps le caprice vaga-bond de ces atomes humains ; — la société yankee[1] n'étant qu'une ploutocratie instable,

1. Les indigènes des États-Unis disent couramment : « Nous sommes *Américains* ». Ce qualificatif est inacceptable. Heureu-

les différentes classes s'y distinguent par la possession, d'ailleurs précaire, de la richesse, et non par le degré d'instruction et d'éducation. D'autres observations de MM^mes Van Vorst ressemblent à mes propres observations : — la vie de fabrique tend à dissoudre la famille ouvrière et à substituer les unions temporaires et stériles aux mariages et à la fécondité ; — le degré d'intelligence hiérarchise les ouvriers d'un même groupe ; — le travailleur, n'ayant que le temps d'agir et non de réfléchir, reste, si intelligent soit-il, d'esprit vulgaire et sa conversation en porte la marque ; — il est utopique de vouloir en faire un homme instruit, alors que ses dix heures au moins de travail physique ont épuisé ses forces et lui imposent l'impérieux besoin de délassement et de distraction ; — l'auteur, étant, à raison de sa culture générale, plus intelligent, apprend plus vite que les ouvrières qui commencent en même temps une même tâche ; — la vie d'atelier est monotone, l'activité qu'elle exige est automatique,

sement pour l'Amérique et pour la civilisation, les États-Unis ne comprennent qu'une partie de l'Amérique du Nord. Même tous les États de l'Union ne subissent pas ou ne subissent qu'en partie cette déplorable idiosyncrasie yankee qui la caractérise encore. Une plus large infusion de sang latin et la diffusion croissante de la culture catholique et latine permettront, au cours de son vieillissement, de civiliser ce pays de Peaux-Rouges.

exclut l'intelligence et l'initiative, mécanise l'être humain ; — les ouvrières se prêtent mutuellement, dans la mesure de leurs moyens, une assistance spontanée ; — elles ne font pas d'économies, elles dépensent leur salaire, aussitôt reçu, pour payer leur pension et satisfaire leur coquetterie ; — mes amis m'ont fait les objections qui furent adressées à MM^{mes} Van Vorst : « vos mains, votre langage et vos manières vous trahiront. » En France, où l'ouvrier a été abaissé par le régime industriel libéral très au-dessous des classes aisées, cette objection a plus de vérité qu'aux États-Unis où l'état rudimentaire de la civilisation a encore très peu élevé les classes aisées au-dessus de la classe ouvrière. En outre, dans notre pays, déchiré par un siècle de guerres civiles et de luttes de classes, l'homme du peuple est devenu profondément soupçonneux, inquiet et hostile. En Espagne, au contraire, l'ouvrier se rapproche souvent des classes supérieures par l'élégance naturelle aux peuples méditerranéens, et l'invasion plus tardive de ce pays par les idées de guerre sociale n'y a pas encore partout détruit les sentiments d'hospitalité, de confiance et d'amicale familiarité.

La malheureuse situation morale de notre

pays nous permet de noter de suite une des difficultés qu'y rencontre l'application de la méthode concrète : volé, trompé, méthodiquement abaissé et maintenu dans l'ignorance et dans la pauvreté par un régime politique qui ne peut vivre que de son exploitation, appelé roi et traité en esclave, encensé et conduit au fouet par les hommes politiques, soumis à la douche écossaise des excitations à la révolte et des sanglantes répressions, victime des espions politiques et des délateurs d'atelier, l'ouvrier français, surtout en province, est facilement porté à la méfiance à l'égard du camarade de travail qu'il voit pour la première fois. Pour éviter de donner prise au soupçon autant que pour me conformer à mon rôle d'observateur scrupuleux, j'ai toujours pris garde de m'effacer le plus possible et de rester, sauf dans de rares circonstances, un témoin muet, ne parlant que lorsqu'on me parlait et ne questionnant pas. Quelques-unes des conversations que je rapporte peuvent débuter par une question que je pose : c'est que cette question se trouvait amenée tout naturellement par les circonstances antérieures ou par le jeu de propos divers qu'à raison de leur insignifiance je n'ai pas retenus. Mon attitude réservée a certainement réduit le nombre des dialogues que j'ai pu recueillir, mais ceux-ci n'en ont que plus de prix, leur spontanéité ajoutant encore à leur sincérité. L'ignorance de mes camarades était telle que je les ai parfois étonnés en leur donnant une explication que je croyais banale et qui leur paraissait la marque d'une grande supériorité d'esprit. Ainsi, un des teinturiers de Roanne [1], jeune homme intelligent, âgé de vingt-quatre ans, me dit, au moment du vote de la loi de la journée de dix heures, sa satisfaction d'être désormais assuré d'avoir toujours du travail. Comme je lui en marquais mon étonnement, il me répliqua que les députés venaient de voter une loi qui obligeait les patrons à fournir aux ouvriers dix heures de travail par jour ! Le chômage n'était plus à redouter ! Je le détrompai : cette loi interdit aux patrons de nous faire travailler plus de dix heures, mais ne les oblige pas à nous employer tous les jours et pendant dix heures ; elle limite notre travail, elle ne nous en donne pas. Je croyais avoir émis une idée d'une extrême simplicité. Je le revois encore, l'air stupéfait, tournant vers moi un visage où je démêlais avec surprise une sorte d'admiration, puis se

1. J'ai rapporté ce fait, très sommairement, dans *La Vie ouvrière*, p. 96.

remettant au travail en silence, et enfin, après
quelques moments d'une réserve lourde de
réflexions, ajoutant à voix plus base : « Vous
êtes instruit, vous !... Où donc avez-vous appris
toutes ces choses ?... » Je n'aurais jamais cru
qu'il fût aussi facile d'acquérir, auprès de camarades intelligents, jeunes, encore peu éloi-
gnés du temps où ils fréquentaient l'école, un
brevet de science et de supériorité intellectuelle. Mais cela explique aussi, d'une part, que
des meneurs, frottés de quelques bribes de savoir primaire, puissent acquérir une si redoutable et si néfaste influence sur ce malheureux
troupeau, et, d'autre part, que certains ouvriers, nourris de quelques journaux, livres
ou discours, se croient sur tout le monde la
supériorité que la comparaison de camarades
plus ignorants les détermine à s'attribuer. Ce
dernier cas est plus fréquent à Paris où les
réunions publiques abondent, où les quotidiens
sont très lus, où l'on mène une vie plus exté-
rieure et où l'érudition de comptoir sévit chez
les ouvriers comme, dans les classes moyennes,
l'élégance et l'esprit « terrasse de café » : un
certain dimanche, près Courbevoie, (je n'étais
pas vêtu en ouvrier), un ouvrier mécanicien
voulut bien m'enseigner les idées de l'*Émile*
et du *Contrat social*, avec une pitoyable assu-

rance et sur un ton d'autorité bruyante qui ne souffrait pas la contradiction. En Espagne, le soupçon ne m'a jamais effleuré ; une fois seulement, et sans qu'il conçût pour cela des doutes sur mon compte, un contre-maître, qui avait travaillé longtemps dans le Nord de la France, me dit : « Je n'y ai jamais rencontré d'ouvriers comme vous ; leur langage était grossier et incorrect, et ils étaient tous ivrognes. » Il n'est pas malaisé, dans ces diverses circonstances, de se tirer d'affaire ; la méfiance disparaît aussi facilement qu'elle s'éveille. A ce contre-maître je répondis : « Cela peut être particulier aux ouvriers de la province que vous connaissez ; je suis de Paris où l'on a plus d'usages » ; comme j'avais répondu au teinturier roannais : « Vous savez que je viens de Paris ; à Paris, l'ouvrier lit beaucoup. ».

L'observateur se heurte à deux autres difficultés : l'ignorance du métier et l'habituelle nécessité du consentement patronal. Pour étudier à fond l'ouvrier d'un métier déterminé, l'observateur devrait connaître lui-même le métier ; mais la difficulté réapparaîtrait pour lui lorsqu'il se proposerait d'étudier un autre métier. Certains travaux n'exigent que de la force musculaire et un peu d'entraînement : l'habitude s'acquiert, mais, la vigueur physique nécessaire, il faut la posséder déjà. D'autres genres de travaux nécessitent un apprentissage plus ou moins long. L'ignorance professionnelle, surtout jointe à l'absence de force corporelle, constitue donc un très gros obstacle à l'étude expérimentale de la vie ouvrière : il n'est cependant pas insurmontable puisque je l'ai surmonté ; certaines besognes peuvent être confiées à un non-professionnel, qui sera mis ainsi en contact permanent avec les professionnels ; d'autres tâches ne demandent qu'une initiation rapide ; et, s'il s'agit d'un travail de manœuvre, la force de volonté peut suppléer à l'insuffisance de force musculaire au moins pendant un temps assez long pour permettre une étude instructive.

Si l'observateur n'a pas acquis de connaissances professionnelles et même s'il en possède, il ne pourra guère se passer de l'agrément du chef d'industrie : aux Etats-Unis, la main-d'œuvre est très recherchée, mais, dans nos pays, c'est plutôt le travail qui est rare ; MM^{mes} Van Vorst ont pu facilement se faire accepter dans divers ateliers, bien que ne sachant rien ; chez nous, de bons ouvriers ne trouvent pas toujours de l'embauchage. La collaboration du chef d'entreprise sera donc généralement nécessaire. Or les patrons craignent d'introduire chez eux, soit un concurrent qui vient étudier l'organisation et le fonctionnement de l'entreprise, soit un agitateur qui vient jeter le trouble dans le personnel. Cette double suspicion est d'autant plus agissante que la méthode est neuve et que chacun craint, d'instinct, l'inconnu. La démarche loyale de l'observateur, qui vient trouver le chef de la maison et lui expose le but désintéressé qu'il poursuit, devrait faire tomber de tels soupçons : il arrive qu'elle les accroît ; le patron redoute d'avoir affaire à quelqu'un de très malin qui a imaginé ce détour pour endormir sa prudence. J'ai rencontré cependant en France des esprits beaucoup plus sensés : tous les patrons dont j'ai sollicité le concours ont aussitôt compris l'intérêt de mes recherches et me les ont facilitées avec une extrême courtoisie. Seul, un directeur de grande Compagnie, solennel et correct, crut devoir prendre un ton important pour m'opposer cette raison ridicule qu'il se voyait obligé de soumettre ma demande à son conseil d'administration : c'est le seul imbécile que j'ai rencontré. En Espagne au contraire, où près d'un siècle de libéralisme a mis les esprits bassement à la remorque des pires idées étrangères, les patrons ou ingénieurs libéraux n'ont pas même pu comprendre la

méthode que je me proposais d'appliquer :
habitués à copier servilement ce qui se fait
ailleurs et n'ayant entendu parler que de la
méthode des interviews, ils objectaient, étonnés : « Pourquoi ne pas vous contenter de nous
demander ce que nous pensons de nos
ouvriers ? Ce serait bien plus simple ! »
D'aucun d'entre eux je n'ai reçu la moindre
assistance. Seuls, quelques industriels français établis au delà des Pyrénées et les
patrons, professeurs, prêtres et journalistes
espagnols appartenant au grand parti traditionaliste, ont compris de suite l'utilité de la
méthode concrète et m'ont aidé en multipliant
les preuves d'une intelligence vive, ouverte,
critique, prête à l'action et toute disposée à
favoriser des nouveautés.

Quelques-uns de ces Espagnols libéraux,
incapables de concevoir la pratique d'une
autre méthode que celle de l'interview, me
concédaient par politesse : « Sans doute il peut
y avoir intérêt à travailler à l'atelier avec les
ouvriers, mais au moins descendez dans un bon
hôtel pour retrouver du confortable !... Vous ne
vous nourrissez toujours pas comme eux ?... »
Mais je maintenais fermement la nécessité de
l'application intégrale de la méthode d'obser-

vation vécue. Ils s'ingéniaient alors à ménager divers moyens de m'y soustraire temporairement : « Venez du moins, le soir, dîner avec nous, passer la soirée au café, au cercle... » Ils conservaient toujours l'arrière-pensée de transformer l'observation sérieusement et scrupuleusement vécue en un essai superficiel d'amateur ; ils visaient à substituer une sorte d'externat à l'internat de vie ouvrière. Ils ne se rendaient compte, ni de l'impossibilité physique de mener de front ces deux existences si différentes, d'ajouter à la fatigue du travail manuel la fatigue de la conversation, de la veillée, de la vie de représentation ; ni de l'impossibilité matérielle de faire une étude profitable lorsqu'on ne dispose plus d'une heure, le soir, pour rédiger ses impressions de la journée ; ni enfin de l'impossibilité morale de connaître la vie de l'ouvrier lorsqu'après l'avoir traversée pendant quelques heures on s'attache à la fuir. Il importe au contraire par-dessus tout que l'on s'y enfonce et que l'on s'en pénètre, ce qui exige, tant que l'expérience dure, la *continuité* de l'expérience. C'est là une condition capitale d'application de la méthode concrète. Il y a diverses raisons pour que ces expériences ne durent pas un temps trop long : parce qu'il convient d'éviter de se diminuer, de s'appauvrir intellectuellement et moralement ; et aussi parce qu'on a vu, senti et compris assez rapidement, étant donné le peu de complexité de l'âme ouvrière ; et enfin parce que ces sortes de recherches sont réellement pénibles. Mais *il est essentiel que l'expérience soit absolument continue* : il importe que l'on perde de vue les lumières du rivage pour sentir vraiment qu'on a pris le large et que l'on est enveloppé par la mer obscure ; alors on comprend ses dangers. ses menaces, sa nudité stérile, et que sa voix est une longue plainte.

L'observateur pourra se borner à l'observation pure et simple ou tenter l'expérimentation. Je suis resté, à de rares exceptions près, fidèle au premier procédé qui me paraît de beaucoup le plus sûr. Presque toujours je m'en suis tenu au rôle du « spectateur impartial » dont parle Adam Smith, m'abstenant de provoquer mes camarades à exagérer leurs habitudes ou leurs opinions et craignant que la contradiction calculée ou l'excitation systématique ne les amenât à déformer leurs sentiments véritables ; je me suis généralement borné à les écouter se raconter spontanément eux-mêmes, n'intervenant et ne répliquant que lorsque j'y étais conduit par les circonstances. On peut néanmoins tenter l'expérimentation, étudier l'effet produit par une intervention dans un sens favorable ou dans un sens contraire aux habitudes ou aux idées de ses compagnons, de façon à mesurer l'exagération ou la réaction produite et en déterminer les limites; mais l'application de ce procédé expérimental est ici particulièrement délicate, étant données la variété, la souplesse et l'insuffisante précision des phénomènes sur lesquels il s'exerce.

Il est à souhaiter que l'observation soit immédiatement consignée par écrit, surtout lorsqu'il s'agit de propos échangés. Cela parfois est possible. Il m'est arrivé même d'écrire une conversation en quelque sorte sous la dictée de ceux qui la tenaient, par exemple dans un cabaret ou dans la rue. Bien des fois, je l'ai notée aussitôt après l'avoir entendue, soit qu'étant en dehors de l'atelier, j'aie pu quitter immédiatement mes interlocuteurs, soit qu'étant à l'atelier, je me sois de suite absenté sous un prétexte plausible. Souvent ces propos n'ont pu être consignés par écrit que pendant le repos de midi ou le soir : dans ces cas-là, je fixais fortement mon attention sur ce que j'avais entendu et me le récitais à moi-même à diverses reprises pour être certain de n'y introduire aucune altération. Il est tout à fait rare que mes notes n'aient pu être prises au moins le soir même : il m'est arrivé, (par exemple dans le cas de mes promenades d'après-dîner avec Pierre Ballon, à Lyon, ou de mes soirées chez le père Truffe, à Roanne), de ne rentrer chez moi que vers onze heures ou minuit et de consacrer cependant une heure ou deux au travail de rédaction, bien que je fusse très las et tenu de me lever à cinq heures. C'est là une des plus dures exigences que comporte la pratique consciencieuse de la méthode. Il peut se faire que cette fidélité à s'assujettir aux conditions d'une notation scrupuleuse ne puisse être strictement observée : la vie en commun des mariniers et des ouvriers agricoles, leur très vive méfiance, leurs habitudes de surveillance réciproque m'ont parfois contraint de déroger à cette règle ; je ne pouvais griffonner à la hâte mes observations qu'à la dérobée et au prix de diverses ruses. L'observateur surpris à écrire ne pourrait continuer à tenir son rôle ; il ne parviendrait jamais à faire tomber le soupçon qu'un acte aussi extraordinaire aurait éveillé, car ils lisent peu et ils n'écrivent pas. La lettre rare envoyée à la famille fait seule exception à cette règle : alors ils préviennent qu'ils vont écrire à leurs parents ; ils écrivent et mettent sous enveloppe devant tous leurs camarades ; parfois ils se font aider ; il leur a fallu trouver du papier, une plume, de l'encre, un timbre, toutes choses dont ils sont habituellement démunis ; c'est un acte extraordinaire, solennel et public. L'observateur doit donc écrire ses observations secrètement et le plus vite possible. Il notera également avec soin ses impressions et réflexions dès qu'elles s'éveillent en lui et les maintiendra associées au fait qui les a provoquées.

Comment rédiger les notes recueillies au cours d'une expérience de vie ouvrière ? On pourrait être tenté de dissocier tous les menus faits observés et de les grouper de façon à les mettre en liaison directe avec une conclusion déterminée. Le livre où on les décrit serait ainsi mieux « composé » et son enseignement se dégagerait avec beaucoup plus de force. Il me paraît cependant préférable de conserver la forme de récit. En dissociant ses éléments pour les refondre dans une synthèse nouvelle, il y aurait certainement plus de travail de composition, plus de « métier », mais on sacrifierait peut-être au métier littéraire la réalité même et on pourrait trop facilement, par un remaniement habile, lui faire dire ce que l'on souhaiterait qu'elle enseignât. Le récit vécu reste réel et, en faisant assister le lecteur au spectacle observé par l'auteur, sauvegarde sa liberté d'appréciation : ayant sous les yeux le document, le lecteur peut en dégager des conclusions différentes si elles lui semblent plus justifiées. Aussi me suis-je toujours efforcé de décrire les faits dans leur cadre naturel et leur succession historique au lieu de les extraire de leur séquence ou de leur concomitance et d'accumuler les éléments isolés mais semblables pour obtenir de leur groupement artificiel une plus grande force de persuasion. Il n'y en a pas moins quelque difficulté à concilier les exigences irréductibles de la composition et celles, qui ne sauraient être sacrifiées, de la réalité.

Mais les conclusions, que cette méthode autorise, ne sont-elles pas très étroites ? et n'exigent-elles pas une grande multiplicité de recherches d'une très longue durée ? Je me l'imaginais lorsque j'inaugurai la série de mes études de vie ouvrière : elles me paraissaient n'autoriser que des conclusions strictement limitées aux individus observés dans une certaine profession, à un moment et en un lieu donnés ; je croyais même que, pour connaître les individus avec lesquels je travaillerais, il serait nécessaire de leur consacrer un temps considérable.

La pratique de ma méthode m'a rapidement montré le mal fondé de ces réserves. Ce qui est exact, c'est que l'on ne peut jamais connaître à l'avance le rendement possible d'une expérience de vie ouvrière : il peut être rapidement abondant, ou presque nul même après un temps très long. L'observateur peut se trouver en contact avec des compagnons insignifiants ou avec des compagnons taciturnes, soit par nature, soit par esprit de soupçon ; il n'en tirera rien. Ses camarades de travail peuvent être, au contraire, très expansifs. Les conditions objectives du travail peuvent faciliter ou empêcher les bavardages ; les événements, politiques ou autres, les alimenter ou faire défaut ; une circonstance particulière, imprévisible, susciter une observation exceptionnellement typique, faire jaillir un trait révélateur, digne d'être marqué d'une croix. La vie de famille, dans les petites localités, ne permet guère la fréquentation, hors de l'atelier, des compagnons de travail ; la camaraderie au dehors est, au contraire, aisée dans les grandes villes, grâce à leur population flottante. Même le mutisme peut révéler quelque chose, et quelque chose de plus que le caractère fermé des ouvriers d'un certain métier ou d'une région donnée : une expérience négative enveloppe parfois certaines informations positives. Si au contraire l'ouvrier ne se tient pas sur la réserve, il se livre vite, et, quand il se livre, il se fait connaître rapidement tout entier : son moi n'est pas très complexe ; on en a tôt fait le tour et démêlé les idées directrices. D'ailleurs une brève réflexion suffit souvent à révéler tout un état d'esprit. Il n'est donc pas toujours nécessaire, comme on pourrait le croire et comme je le croyais primitivement moi-même, de poursuivre une observation pendant une très longue durée, bien qu'il soit toujours préférable de la prolonger le plus possible.

D'autre part, l'observation de quelques types d'une profession ou d'une région suffit le plus souvent pour dégager les dominantes de cette profession et de cette région, car rien ne ressemble plus à un ouvrier qu'un autre ouvrier. Les ouvriers sentent et pensent collectivement beaucoup plus qu'individuellement. L'originalité individuelle, qui entraîne la diversité, résulte elle-même d'une complexité intérieure qui est fonction d'une éducation et d'une culture ici absentes. Par suite, les observations limitées à quelques individus autorisent, contrairement à ce que je croyais tout d'abord, à généraliser sans avoir multiplié indéfiniment ces observations particulières. Il n'en reste pas moins plus sûr, et dès lors désirable, de les multiplier autant qu'il se peut.

Une étude concrète n'est donc pas nécessairement étroite : même limitée à quelques points particuliers, elle peut conduire à des vues générales ; en éclairant un coin très petit du champ de l'expérience, elle permet néanmoins de généraliser sans que ces considérations cessent d'être étroitement subordonnées aux phénomènes observés. Si ces recherches vécues n'ont pas un horizon à la fois très circonscrit dans l'espace et très variable dans le temps, c'est à raison de ce qu'elles mettent d'humain en évidence, c'est-à-dire de général à la fois dans les lieux et dans la durée.

Les véritables limites de la méthode concrète se trouvent ailleurs. Elles tiennent à ce que la méthode ne permet pas de saisir de la réalité ce qu'en saisissent, par la documentation, les méthodes d'enquête et les méthodes semi-abstraites. J'ai dit plus haut que celles-ci constituaient de très riches et très sûrs moyens d'information auxquels la méthode concrète ajoutait, mais qu'elle ne remplaçait pas.

CHAPITRE III

Réponse à diverses remarques et objections.

Je reproduis à la fin de cette étude, et avant les éloges et les critiques que m'ont adressés divers correspondants ou dont j'ai connu la publication, une lettre douloureusement documentaire qu'à bien voulu m'écrire, de Paris, à propos de mon livre, un ouvrier mécanicien. Je ne saurais en recommander trop vivement la lecture.

J'en retiens ici : — une approbation précieuse, « oui, c'est bien là le type... de l'ou-
» vrier en général, y compris l'ouvrier des
» champs ; » — une très exacte qualification de ma méthode, « point de vue philosophique
» et psychologique ; » — une judicieuse réserve,
» il lui est défendu (à l'auteur) de vivre la vraie
» vie qu'il croit avoir vécue..., il savait pouvoir
» en sortir un jour. » Vérité profonde ! L'observateur peut participer à la vie de l'ouvrier ; il ne peut pas s'identifier complètement avec lui. Il ne faudrait pas d'ailleurs que cette identifica-

tion totale se réalisât sous peine pour l'observateur devenu ouvrier de cesser d'être apte à accomplir son travail d'observation. Comme le remarque très justement le signataire de la lettre, la conscience que l'observateur garde du caractère temporaire et volontaire de sa vie d'ouvrier conserve à son expérience réelle sa réalité de fiction et sépare rigoureusement l'ouvrier par curiosité de l'ouvrier par nécessité. L'un sait qu'il cessera de l'être. L'autre n'a pas d'espérance. Pendant mes premières enquêtes et au cours des enquêtes suivantes, toujours j'ai ressenti l'impression que je ne faisais que traverser cette vie accablante de l'ouvrier et qu'elle n'était qu'un épisode volontaire de ma propre vie ; mais alors, et par contraste, j'éprouvais comme l'effroi de cette existence qui, pour l'ouvrier véritable, ne connaît pas d'autre terme que la mort ; parfois même l'intensité de l'hypothèse vécue était si forte que je finissais par être pris au jeu ; j'ai noté, dans le chapitre *Sans travail*[1], la dépression morale que me causaient les refus essuyés dans ma recherche d'une « embauche », presque comme si vraiment mon existence eut dépendu de l'heureuse issue de mes démarches. Donc, après avoir éprouvé la « sensation par différence » de la

1. Voir *La Vie ouvrière*, pp. 39 et 40.

vraie vie ouvrière, la vie ouvrière à perpétuité,
j'en arrivais à être tenté de croire, sous l'action
des réalités qui me pressaient de toute part,
que j'étais véritablement soumis à cette dure
destinée.

Dans cette lettre je note, enfin, une erreur
de détail et une méprise. Il est inexact de croire
que mon « point ne vue philosophique et psy-
» chologique » m'empêche de connaître la vraie
vie ouvrière ou même de la vivre. Au contraire,
il me permet de l'analyser, donc de la connaître, et, par la sensation de différence, de la
sentir, donc de la vivre. — La phrase « ... cette
» vie que l'auteur trouve drôle... » est le résultat d'une équivoque facilement explicable :
nombreux sont les ouvriers qu'afflige la gros-
sièreté de la vie ouvrière ; ils la sentent, la
déplorent et la voilent de peur qu'elle n'excite
le dédain ou la raillerie. Mais je crois que, chez
mes lecteurs comme chez moi-même, elle n'a
provoqué qu'une profonde tristesse, et quant
aux responsabilités, je les ai nettement situées
ailleurs.

Je tiens également à signaler une très intéressante remarque due à un professeur d'économie politique de l'une de nos Facultés de
Droit. Il se demande si « le moment n'est pas

» venu où l'amélioration du sort des ouvriers
» va dépendre d'une éducation... qui leur sera
» donnée... par les faits », par le « contact des
» réalités » et « par les rapports... entre grou-
» pements ouvriers et patronaux également
» organisés. »

Mes enquêtes nouvelles me permettent de répondre affirmativement. J'ai constaté, non sans étonnement du reste, des symptômes très nets de dégoût de l'anticléricalisme et de l'action politicienne, en même temps qu'une tendance caractéristique à l'organisation corporative, celle-ci comme ceux-là issus de l'expérience acquise et d'une réflexion appliquée aux réalités de l'heure présente.

Roanne vient de nous en fournir un exemple frappant[1]. La crise textile y est devenue tellement aigue que les patrons se sont vus réduits à faire conduire quatre métiers, et non plus deux, par un seul ouvrier. A toute autre époque, semblable mesure eût déchaîné une grève violente. La gravité de la situation actuelle, sentie par les salariés autant que par les patrons, a produit des effets tout différents. Une commission patronale et une commission ouvrière, nommées par les intéressés, se sont réunies pour aviser aux mesures à prendre.

1. Décembre 1913. **V.** *Le Matin*, 4 décembre 1913.

Les patrons ont exposé les raisons qui leur paraissaient nécessiter l'essai du travail à quatre métiers pendant au moins quatre mois; les tisseurs soumis à cette innovation seraient payés à la journée; les ouvriers qui continueraient à ne conduire que deux métiers recevraient les salaires fixés par l'ancien tarif; il n'y aurait aucun renvoi injustifié. Ces propositions ont été soumises à un *referendum* : sur 2.774 votants, 1.684 les ont acceptées. Les essais se poursuivent sous le double contrôle des représentants des patrons et des ouvriers.

Voilà donc un cas très net dans lequel nous voyons les ouvriers prendre conscience de la commune dépendance de leurs intérêts et des intérêts patronaux à l'égard des intérêts de la profession. La querelle des employeurs et des salariés est oubliée dans des circonstances qui mettent en jeu l'existence même de l'industrie dont vivent les uns et les autres. Le péril qui a surgi étant également redoutable pour les adversaires de la veille puisqu'il menace la profession, les syndicats ouvriers et patronaux, jusqu'alors ennemis, se réunissent en une sorte de syndicat supérieur, en un corps unique chargé des intérêts *corporatifs*. Un jour viendra où les faits donneront aux ouvriers une vision plus claire encore des besoins du corps de métier : l'expérience leur imposera cette conviction que ce qui est nécessaire pour sauver la profession d'un péril extraordinaire, ne l'est pas moins pour lui assurer en temps normal la prospérité.

Des objections qui m'ont été faites, les unes sont relatives à la forme de mon livre et les autres au fond.

Au point de vue de la forme, on a estimé qu'il eût été préférable de refondre les notes. J'ai dit pourquoi j'ai mieux aimé suivre d'aussi près que possible le récit : la réalité est respectée davantage ; le rédacteur évite ainsi tout ce qui pourrait se glisser de tendancieux dans un arrangement des faits même uniquement inspiré par le souci de la composition. — On a proposé aussi un titre différent: « *Six mois de vie ouvrière* ». Cette formule eût été certainement excellente. Celle que j'ai choisie m'avait paru relier de manière satisfaisante les expériences fort diverses groupées dans ce volume et il se trouve qu'elle sert, comme le volume lui-même, d'utile introduction à la série d'études particulières que j'ai poursuivies depuis lors. — On m'a fait également observer que l'introduction comportait plus de développements et qu'il eût été facile d'établir une liaison entre le chapitre des « *Figurants* » et les chapitres antérieurs en supposant que j'arrive à Paris et que, ne trouvant pas d'emploi, je me résigne à travailler dans la figuration. Certainement l'ensemble de l'ouvrage en aurait reçu une forme meilleure sans que les faits documentaires en fussent altérés. Quant à donner à l'Introduction plus d'ampleur, cela revenait à publier à ce moment-là le travail que je publie aujourd'hui : mais je n'avais pas alors pratiqué suffisamment ma méthode pour pouvoir développer quelques-unes des considérations qu'elle appelle.

Les critiques de fond qui m'ont été adressées sont fort variées. — On me reproche de ne pas m'être mis davantage en scène, de n'avoir pas décrit avec plus d'abondance mes propres états d'âme ; ce « côté psychologique *personnel* très » intéressant » a été « trop négligé ». Je crois au contraire qu'en se laissant aller à cette description peut-être tentante et à coup sûr facile, on se placerait en dehors de la question : il ne s'agit pas de se décrire, mais de décrire, pour les connaître, la vie et l'âme de l'ouvrier. J'ai fait quelques rapides allusions à ce que j'ai éprouvé, mais seulement dans la mesure où cela m'a paru éclairer indirectement la

situation des ouvriers. — On me reproche
encore de « faire des thèses à propos » des
idées émises par mes camarades de travail.
J'estime que toute occasion doit être saisie de
contrôler dans et par la réalité vivante et vécue
la valeur d'une idée, d'une doctrine, d'une
thèse d'école. — On me dit : « vous vous
» êtes donné beaucoup de mal pour de maigres
» résultats. » Je réponds : le mal que l'on se
donne n'est rien si l'on obtient un résultat,
quel qu'il soit ; c'est le résultat qui importe,
et non la peine qu'il coûte. — On m'écrit :
votre enquête ne fait pas connaître les ouvriers
à forts salaires ; elle est donc « incomplète ».
Je ne m'étais pas proposé de faire une enquête
complète : j'ai étudié ce que j'ai pu étudier et
comme je l'ai pu faire, sans prétendre même
avoir épuisé la matière observée ou avoir
dégagé de mes observations tous les enseigne-
ments qu'elles comportent. — L'un s'exclame :
« vous ne concluez pas ! » L'autre : « vous
» concluez trop ! » J'ai conclu à ce que j'ai cru
pouvoir conclure de ce que j'avais observé. Je
ne me suis jamais préoccupé que d'exprimer
les conclusions qui me paraissaient autorisées
par mes observations. Mes conclusions demeu-
rant liées à mes expériences, je tiens à publier
mes nouvelles enquêtes dans leur ordre histo-

rique qui est l'ordre du développement même des idées auxquelles je suis progressivement parvenu.

Une critique plusieurs fois formulée concerne quelques traits grossiers que j'ai cru ne pouvoir omettre. On m'écrit : « détails vérita- » blement répugnants », « turpitudes qui souil- » lent le livre ». Un ingénieur m'assure que « cela en rend la lecture pénible ». Un autre, que « c'est du Zola ». Un industriel se dit surpris de voir ces faits retenus par « un homme » bien élevé ». — Il ne s'agit pas de savoir si l'auteur est ou n'est pas « bien élevé », mais comment sont élevés les hommes qu'il étudie. Il était tout à fait précieux de constater qu'ils m'ont apparu comme particulièrement grossiers précisément dans ce cabaret roannais qui avait la prétention de grouper l'élite intellectuelle de la jeunesse ouvrière émancipée, et où fut offert un punch à Marie Murjas à l'issue de sa conférence athéistique. L'observateur peut être amené à faire des constatations pénibles : mais il a le devoir de les faire. Il ne suffit pas plus d'affirmer de certaines personnes qu'elles sont grossières ou distinguées que de déclarer une œuvre littéraire admirable ou détestable : encore convient-il d'exposer les motifs sur lesquels cette appréciation se fonde. Les pages qui contiennent quelques-uns de ces faits justificatifs diffèrent substantiellement de celles qui, chez un Zola, contiendraient des descriptions analogues. En exposant certains cas, Zola visait à les justifier et à en provoquer l'imitation ; il y enfermait tout un enseignement philosophique, une dogmatique religieuse et une éthique ; les dévots du Naturalisme, ses admirateurs, ne s'y trompaient pas. Quand j'ai transcrit la réalité observée, je ne me suis proposé d'autre but que d'être fidèle à mon rôle d'observateur de la réalité : ainsi d'ailleurs pouvais-je donner la mesure de certaines misères qui affectent un trop grand nombre de nos contemporains. Le cabaret du père Truffe était le lieu de réunion des jeunes « intellectuels » de Roanne : le contraste entre cette prétention et les faits avait sa saveur et son prix. Un peu plus tard, je retrouvai à Lyon, pérorant à la Bourse du travail, le fils du patron de cet « Athénée ». L'instruction et l'éducation qu'il y avait reçues l'avaient-elles donc préparé à apporter à la défense des intérêts ouvriers un utile concours ?

Néanmoins, sur le point de publier certaines de mes notes, je n'ai pas été sans éprouver quelque hésitation : mais il m'a semblé que je devais passer outre pour ne pas manquer au devoir de scrupuleuse exactitude et de sincérité. Depuis lors, des personnes de conditions fort diverses, mais également qualifiées pour émettre une opinion de poids en cette matière, m'ont nettement approuvé. Il n'est d'ailleurs pas douteux que l'on retrouve les équivalents de ces grossièretés dans des classes sociales qui n'ont pas l'excuse de l'ignorance et du manque d'éducation : il y aurait à établir sur ce point des rapprochements pleins d'intérêt et où fort souvent l'ouvrier conserverait l'avantage. J'ai eu déjà l'occasion, à un autre point de vue, de noter parfois chez lui plus de précision et de finesse dans sa façon d'enseigner occasionnellement ce qu'il sait, que chez des hommes appartenant à notre élite intellectuelle et dont le métier est l'enseignement.

Je profite de l'occasion pour ajouter que j'ai constaté plus d'une fois que l'ouvrier avait le sentiment de son manque d'éducation, qu'il en souffrait et s'efforçait d'y suppléer. J'ai entendu, au cours de mes expériences, des ouvriers dire devant moi, avec un soupir de tristesse résignée : « nous sommes comme cela, nous autres ! » J'ai d'ailleurs noté[1] que la vie en commun de l'atelier implique l'observation d'un cer-

1. Voir *La Vie ouvrière*, pp. 118, 119, 120.

tain nombre de règles du savoir-vivre, par exemple, ne pas parler trop haut, trop grossièrement, trop inconsidérément, ne pas être irrévérencieux à l'égard des anciens, être discret, serviable, de bonne humeur ; j'ai ajouté que l'estime en laquelle on était tenu dépendait de la fidélité à la bonne tenue, au bon langage et à l'honnêteté. Tout cela indique chez la généralité des ouvriers une tendance vers le bien et un désir du mieux qui ne demanderaient qu'à recevoir le renforcement nécessaire d'une discipline éducatrice. Mais il reste entendu que, de nos jours, seules, les forces mauvaises sont cultivées, encouragées, primées, exaltées.

On verra aussi, dans mon étude sur *L'Ouvrier agricole*, comment je me suis fait rappeler aux usages par un vieux moissonneur. Soupant avec lui, le fermier et les garçons de ferme, au soir d'une journée de travail épuisante, j'avais cru, éreinté comme je l'étais, pouvoir mettre, pour me délasser, mes coudes sur la table. Je reçus de ce vieux bonhomme de moissonneur deux forts coups de manche de couteau sur le bras, soulignés d'un énergique coup d'œil. Il n'était pas du « monde, » soit ! mais il savait se tenir à table et, après avoir travaillé aux champs, observer les convenances. On a vu aussi, dans la lettre de l'ouvrier mécanicien, combien il est peiné de certaines descriptions et quelle erreur d'interprétation cet état d'esprit a provoquée chez lui.

En réalité, la plupart des ouvriers ont un très vif désir d'éducation et de culture et commencent à se rendre compte que le régime politique qui les leur promettait ne leur a rien donné et même les maintient dans cet état d'abaissement pour l'exploiter et pour en vivre. C'est au sein même de la profession organisée, riche et puissante, que les ouvriers pourraient et devraient recevoir la culture et l'éducation dont ils ont soif. Mais ce serait mettre en question tout notre régime actuel. Il existe, dans la classe ouvrière, une quantité insoupçonnée d'excellents éléments qui n'attendent que d'être groupés et de recevoir une direction : c'est seulement un petit nombre d'éléments mauvais ou dupés qu'associe, exalte et entraîne l'équipe menteuse et redoutable qui s'est emparée de l'État.

A la suite et sous l'influence de la lecture d'un article de *L'Echo de Paris*[1], un commerçant m'écrit pour me reprocher d'avoir procédé à des expériences trop fragmentaires et trop brèves ; il estime aussi qu'après avoir été « em-

1. *La Descente aux Enfers*, 7 juin 1910.

ployé », il conviendrait d'être « employeur » pour définir les nécessités auxquelles obéit ce dernier dans le traitement qu'il accorde à son personnel ; enfin, j'aurais poursuivi mes recherches sous l'influence « d'idées précon-» çues », tandis qu'un chef d'industrie, qui s'improviserait ouvrier, serait apte à faire « œuvre sérieuse et féconde ».

Fragmentaire ou non, une expérience comporte toujours son enseignement : il ne s'agit de rien autre que de le dégager. Une expérience qui a donné des résultats n'a pas été trop brève ; et, s'il convient qu'elle dure le plus longtemps possible, il n'en reste pas moins vrai qu'après une certaine période, on se trouve en possession des traits généraux et essentiels de la vie professionnelle et du caractère des gens de métier ; par la suite, on ne fait que descendre dans les détails et accumuler des faits du même ordre ; dès les premières semaines, le sujet a livré tout l'essentiel de sa substance. Quant à devenir employeur après avoir été salarié, cela permettrait évidemment d'étudier l'employeur ; mais il s'agirait là d'une étude différente quoique non dépourvue de liaison avec celle que j'ai entreprise et qui était de connaître l'employé et la répercussion, sur l'employé, des mesures prises par l'employeur, quelles que soient ces mesures et les exigences auxquelles elles répondent. Pour ce qui est de l'expérience de vie ouvrière que tenterait un patron, je crois qu'elle serait instructive pour le patron, peut-être avantageuse pour l'ouvrier et pour nous à coup sûr qui y gagnerions de connaître l'état d'esprit de ce chef d'entreprise ; à tout le moins elle servirait à dégager la réaction du point de vue patronal sous l'influence de la vie ouvrière vécue par le patron. Toute tentative, quelle qu'elle soit et d'où qu'elle vienne, offre toujours de l'intérêt. Mais que la qualité de patron permette à l'observateur de se soustraire à toute « idée préconçue, » cette affirmation est plutôt téméraire. On ne voit pas pourquoi un chef d'industrie pourrait « se dépouiller instantanément » de ses idées de patron dont il est certainement « farci ». Il y serait au contraire beaucoup plus assujetti, par définition, étant partie au procès. Je ne récuse cependant pas sa compé_ tence : il peut être suffisamment doué d'esprit critique pour se soustraire à ses influences de classe et aux suggestions de son intérêt.

D'ailleurs, que vaut au juste l'argument vague et facile tiré des « idées préconçues » ?

Si, par cette expression, l'on a voulu dire « préjugés », idées arrêtées en dehors de tout contact avec le réel et irréformables, il est clair qu'il convient de ne pas aborder l'étude concrète des faits sociaux, ni aucune étude, quelle qu'elle soit, avec de telles « idées préconçues ». Mais cet état d'esprit est précisément le fait des gens peu cultivés ou sans culture, ou des gens cultivés mais de culture étroite. Quiconque a été soumis à une discipline intellectuelle moyennement riche et variée connaît, pour l'avoir pratiquée, cette règle élémentaire de la critique qui consiste à tenir toujours sa pensée en éveil pour se critiquer soi-même.

Si, par idée préconçue, on a voulu dire que, pour aborder l'étude d'un problème avec fruit, il importe de n'avoir aucune idée susceptible d'en influencer la solution, nous devrons comprendre que, pour mon contradicteur, il conviendrait de n'avoir pas d'idée du tout ; l'ignorance complète serait la condition préalable nécessaire à toute recherche. Dans une intelligence vide (si toutefois ce n'est pas l'absence d'intelligence), il est clair qu'il n'y a rien de « préconçu » ; toute idée, acquise antérieurement à une étude nouvelle, est une idée préconçue ; l'absence d'idée préconçue serait l'absence de toute idée, mais sans doute aussi l'incapacité d'en concevoir.

La vérité est toute différente. Plus une intelligence est riche d'idées, plus elle est capable de juger et de juger sainement ; des faits les plus pauvres, un esprit très cultivé, très averti, très assoupli à la vie réflexive, saura dégager des considérations fécondes. Non seulement il nous est aussi impossible d'étudier quoi que ce soit sans aucune « idée préconçue » que de continuer d'être sans avoir été, non seulement nous ne pouvons pas ne pas avoir de sensibilité ni notre sensibilité, ne pas avoir de jugement ni notre jugement, mais il est indispensable de posséder des idées préalables, un acquis antérieur, un capital intellectuel, pour tenter avec fruit l'exploration, le défrichement et la mise en valeur de l'inconnu ; cela n'est possible qu'à celui qui est pourvu d'un matériel d'idées, d'un outillage de connaissances et d'une expérience personnelle. Une telle condition est commune à toutes les recherches, de quelque ordre qu'elles soient. Sans doute, nous risquons toujours de sacrifier le réel à l'imaginaire, l'expérience au système, le fait nouveau aux idées déjà fixées ; nous devons donc nous efforcer d'éviter cette cause d'erreur en nous servant de notre acquis au lieu de le servir. Mais nous ne pouvons pas plus nous dépouiller de notre personnalité et de notre science que tenter de réduire, sans culture préalable, la quantité d'inconnu.

Je ne crois pas avoir été l'objet d'autre critique publique que celle qui a paru dans *L'Écho de Paris* du 7 juin 1910, sous le titre « *La Descente aux Enfers* » et sous la signature de M. Masson [1].

L'auteur de cet article a cru devoir se permettre d'élever des doutes sur la sincérité de mes observations [2]. Je ne m'arrêterai pas à ces insinuations injurieuses. Voici les objections :
— « Pour se résoudre à supporter durant un
» long temps une vie telle, avec son labeur qui
» surmène et qui abêtit, avec ses plaisirs plus
» vulgaires et tristes encore, il faut qu'on ait
» reçu ou qu'on se soit imposé une mission »
inspirée « par l'amour du prochain », ou par
» le besoin de se purifier et de se racheter »,
ou par « l'orgueil du sacrifice » chez ceux
» qui trouvent à s'abaisser une forme suprême
» de générosité », ou enfin par « un mysticisme

---

1. Frédéric Masson, de l'Académie française.

2. « L'auteur, s'il a sérieusement, comme on doit croire fait métier d'ouvrier…, apparaît comme un reporter ingénieux, de ceux qui, durant une nuit ou une journée, se font mendiants, chemineaux ou sous-secrétaires d'État… Sans doute y a-t-il porté plus de sérieux, mais guère… Dans les conversations qu'il dit avoir eues avec les ouvriers… »

» qui séduit combien d'âmes slaves ! » M. Frédéric Masson oublie la forme la plus simple de « mission », celle qui répond au besoin élémentaire d'apprendre. — Il se plaint que l'auteur « ne nous ait appris ni à quelle classe » il appartient, ni quel but il s'est proposé. » M. Masson a cependant rencontré plusieurs fois le qualificatif « cérébral », mais avec un vif déplaisir ; si l'auteur « aime ce mot, s'y plaît, le » répète », M. Masson ne l'aime pas. L'auteur déclare ici n'éprouver pour ce mot aucune dilection particulière ; s'il « le répète », ce n'est pas qu'il « s'y plaît » ; mais il ne pouvait employer celui d'*intellectuel*, que le dreyfusisme avait pollué. — « Son livre, bizarrement construit, renferme » six chapitres, divisés chacun en paragraphes. » Non moins bizarrement construit qu'un certain article intitulé « *La Descente aux Enfers* » et qui, sans que son auteur s'en soit aperçu, renferme deux parties, divisées chacune en alinéas.

Mon contradicteur concède bien que, « tou-» tefois, il y a à retenir... des observations » justes, pittoresques et profitables. » Mais comme il se rattrape ! Tout « le premier cha-» pitre, *Sans travail*,... est nul comme rensei-» gnements ». Un industriel m'a, tout au côn-traire, assuré que, pour lui, ce chapitre avait été le plus instructif de tous — « Dans les con-

» versations qu'il (J. Valdour) dit avoir eues
» avec l'ouvrier, il prend l'agrément de se
» prouver à soi-même sa supériorité, quitte à
» humilier ses interlocuteurs, ou bien alors
» c'est après coup qu'il conclut. » Dans les
conversations réelles que je rapporte exactement, j'ai bien tenu les répliques que je trans-
cris, mais sans avoir jamais obéi à d'autre inten-
tion que celle de répliquer. Cette interprétation
était-elle trop compliquée pour être accessible à M. Masson ? Quant à mes conclusions,
elles sont toujours demeurées en liaison avec
ce que j'ai fait, vu et senti. — « Bien plutôt
» qu'aux défauts du régime industriel et aux
» remèdes à y appliquer, sa cérébralité l'a
» porté presque exclusivement aux matières
» qu'elle a l'habitude d'envisager, telles la
» politique et la religion. » Je suis toujours
resté fidèle à mon programme qui était de noter
ce que je verrais ou entendrais. La place que
la religion et la politique tiennent dans mon
récit est la place même qu'elles tenaient, non
dans mon esprit, mais dans celui de mes compagnons et dans la réalité de leur vie. — Au
contraire, chez MM^{mes} Van Vorst, « nulle
» des préoccupations auxquelles a paru obéir
» l'enquêteur français. La politique n'est point
» en cause. ni la propagande confessionnelle. »

Je répète que j'ai obéi à l'unique préoccupation de chercher à connaître. Je n'ai pas suscité les faits, je les ai épiés, et j'ai noté, non pas ceux que je voulais voir apparaître, mais ceux qui me sont apparus et tels qu'ils me sont apparus. — « L'une des principales revendications ou- » vrières, à son gré, serait l'interdiction pour » le patron de prendre ou même d'accepter » des références sur les travailleurs qu'il em- » bauche. » C'est donner de mon livre une idée aussi juste que celle que l'on donnerai[t] du livre de MM^mes Van Vorst en assurant qu'elles formulent, parmi les principales re- vendications des ouvrières, l'obligation pour le patron de placer sur la table de l'atelier un bouquet de roses. Chacun sait que, pendant de très longues années, les ouvriers ont énergique- ment réclamé la suppression de l'obligation légale du livret qui les astreignait à une inju- rieuse mise en carte. Comme on le verra dans mon étude des *Mineurs*, certaines grandes Compagnies ont imaginé pire.

On sera surpris qu'après avoir reçu de M. de Mun un éloge précieux[1], j'aie cru devoir accor-

---

1. « J'ai lu ce livre avec une intense émotion : je voudrais le faire lire à tous mes amis. » Dans *L'Écho de Paris* du 12 mai 1910. (Voir les Documents annexés.) C'est contre ce témoignage de M. de Mun que Frédéric Masson partait en guerre le 7 juin suivant.

der quelque attention aux remarques de M. Masson. Je m'en excuse. Mais elles furent publiques, et certaines objections, qu'elles ont inspirées directement, démontrent l'influence regrettable que peut exercer un mauvais article d'un auteur ennuyeux.

J'y trouve néanmoins et j'en retiens une formule excellente : — le titre « *La Descente aux Enfers* ». On ne saurait mieux dire : aller à la vie ouvrière, c'est descendre, et cette vie est vraiment un enfer.

CONCLUSION

Les études sociales conduites à l'aide de
documents et de doctrines ayant fini par m'apparaître dépourvues de liaison suffisante avec
la réalité, je supposai qu'il n'y avait pas de
meilleur moyen de l'analyser pour la connaître
et la comprendre, que de la vivre. Ce projet cessa
de me sembler impraticable lorsque je lus
qu'un étudiant allemand l'avait pratiqué en
Allemagne. J'ai commencé à le réaliser sans
savoir si je serais récompensé de cet effort.
L'accueil bienveillant, qu'a ménagé le public
aux notes recueillies au cours d'une première
exploration, m'a décidé à persévérer.

La pratique de cette méthode m'a suggéré
à son endroit les réflexions d'ordre théorique
publiées dans ce court travail.

La méthode de l'observation vécue est une
méthode essentiellement concrète : aucune des
méthodes d'observation appliquées jusqu'alors
ne possède au même degré ce caractère, qu'il
ne semble même plus possible d'accentuer davantage. Elle extrait de la réalité tout ce que

l'on peut espérer en extraire de réel. Son point de vue est dynamique. Elle a pour champ d'application la réalité vivante. Elle permet de surprendre le phénomène social à l'instant même où il apparaît et de le suivre dans l'activité de son propre mouvement. L'observateur est, pour soi-même, un objet d'observation. Cette méthode, permettant de définir certains phénomènes qui échappaient aux méthodes habituelles et d'établir entre des phénomènes anciennement connus des rapports nouveaux, ajoute à leurs acquisitions des acquisitions nouvelles. Son subjectivisme apparent se résout en une objectivité plus parfaite que celle à laquelle atteignaient les anciennes méthodes. La méthode concrète est scientifique et non littéraire puisqu'elle analyse des réalités. Son réalisme exclut toute analogie avec les doctrines pragmatiques ; il confère à ses acquisitions une valeur pratique en relation avec la réalité et non avec un système de purs symboles.

La méthode concrète, étant psychologique et morale, réintroduit l'homme dans le jeu des phénomènes économiques d'où la méthode libérale l'avait exclu. Par suite, la solution des problèmes économiques apparaît comme subordonnée à diverses considérations extra-économiques et proprement humaines. L'homme, et non la production de la richesse, devient le but de l'organisation sociale ; c'est lui qui donne à la vie des sociétés sa signification. Cette méthode est donc utile, non seulement à raison de sa puissance d'acquisition de faits délaissés jusqu'alors ou de rapports, jusqu'alors négligés, entre des faits connus, mais encore à raison des conséquences humaines du nouveau point de vue qu'elle introduit dans la science économique.

L'observateur rencontre diverses difficultés : l'ignorance d'un métier, la force physique qu'exigent les travaux de manœuvres, la défiance parfois des ouvriers et des patrons, l'ordinaire nécessité du consentement de ces derniers à l'utilisation de leur usine comme champ d'expérience, la fatigue, la répugnance, le dégoût. Mais aucune de ces difficultés n'est insurmontable.

L'expérience doit être faite consciencieusement, sans interruption, et comporte l'adoption totale, par l'observateur, du genre de vie de l'ouvrier. Il observe, au besoin expérimente, note, décrit, critique, en s'astreignant à la loi de la plus scrupuleuse sincérité. Ces expériences demandent à être aussi nombreuses et durables que possible. Mais, quelque variable que soit leur rendement, elles mettent assez vite en relief ce qu'il y a de général dans les cas individuels observés, par cela seul qu'elles dégagent ce qu'il y a d'humain en eux. La méthode concrète rencontre d'autres limites plus rigoureuses que celles de l'espace et du temps : ce sont celles qui tiennent à la nature même de ses procédés d'investigation qui n'atteignent pas les faits accessibles aux méthodes documentaires.

DOCUMENTS

1° LETTRES

D'un ouvrier.

« ... Oui, c'est bien là le type-né de l'ouvrier en général, y compris l'ouvrier des champs ; c'est de cette cellule monstrueuse que sort notre prétendue intelligence. J'ai eu toutes les occasions véritables d'étudier, de souffrir de cette vie que l'auteur trouve drôle tandis que plus de dix millions d'êtres humains la voient telle qu'il l'a *un peu aperçue*, car il lui est défendu de vivre la vraie vie qu'il croit avoir vécue. Sa naissance, son esprit inquisiteur, le point de vue philosophique et psychologique qu'il s'en faisait, et enfin la réalité impossible qui était d'en vivre et d'en souffrir tels que ceux qu'il croit avoir étudiés : l'auteur savait pouvoir en sortir un jour et n'en pouvait souffrir comme les vrais malheureux qui y sont et que les pires orgies, dépravations abjectes, vantardises et autres sont à eux leurs meilleurs repos de l'esprit.

« A côté de ceux-là quelques-uns souffrent, ils sont bien rares, de cette vie de gueule et de beuveries, car l'on sent que ce n'est pas ainsi que la nature a voulu réunir les hommes. Ces cas rares d'hommes venus au milieu de pauvres créatures sont à plaindre car ils supportent une douloureuse vie, ils sont pris pour des êtres mous, des délateurs, ou tant d'autres accusations aussi ignobles que souvent leur timidité empêche de désavouer semblables accusations. Je suis né de parents meuniers, dans la plus petite industrie, avec cela qu'ils avaient quelques terres qui nourrissaient quelques vaches. A cinq ans, j'allais garder très loin ces vaches dans les prés et je recevais maintes corrections pour les laisser passer sur les terres voisines. (Je vous dirai que j'étais bien gratifié comme morale, j'avais une belle-mère depuis l'âge de quatre ans et une de celles qu'à jugée l'opinion.) A sept, huit, neuf ans, j'allais à l'école; mais, avant de partir, le matin, je devais balayer les quatre étages du moulin de mon père, et ce, par les froids d'hiver 79-80, 18° à 25° au-dessous de zéro, que le manche du balai était comme une glace dans les mains. Au retour, je gardais les vaches; jusqu'à la nuit, dans l'été. A dix ans, je sortais de l'école et remplaçais l'ouvrier de mon père qui n'en prit plus. A douze ans, mon père dut lâcher le moulin ; je fus placé comme meunier chez un cousin qui me faisait lever à cinq heures du matin et coucher à dix heures du soir. La nuit, je devais encore me lever lorsque les appareils du moulin venaient à se déranger ou l'eau du bief à changer de niveau, ce qui donnait plus ou moins de vitesse à l'usine. C'est à cet âge que j'ai appris à conduire ma première machine à vapeur pour suppléer au manque d'eau, l'été. Je remplaçai un mécanicien breveté de la marine qui n'avait pu faire donner le maximum à sa machine. Je chauffais, (chaudière à deux bouilleurs), je conduisais ma machine et aidais au moulin les autres ouvriers. Lorsque, la nuit, mon sommeil m'empêchait d'entendre les variations de marche aux sonneries du régulateur, j'étais réveillé à coups de pieds et poings par mon cousin qui avait ses appartements contigus. Je dus quitter à quatorze ans ce bagne pour des fautes comme cette dernière : renvoyé. Je tombai successivement dans cinq ou six maisons semblables, lorsque je fus réveillé par le besoin d'instruction. Je bûchai, car je n'avais connu, à dix ans, que l'histoire sainte et le catéchisme ; en mécanique et en électricité, j'obtins deux premiers prix dans chacun de ces cours. Quelle peine !

quelle vie ! passées, sans avoir jamais pu y goûter, ces beuveries, ces débauches dans ces milieux qui n'ont pas de quoi rire.

» Je vous écris ceci pendant l'heure du déjeuner à l'usine...

D'un professeur d'économie politique dans une Faculté de Droit.

« ... Je me demande si le moment n'est pas venu où l'amélioration du sort des ouvriers va dépendre d'une éducation économique et utilitaire qui leur sera donnée, sinon par l'enseignement, au moins par les faits, par les conséquences enfin aperçues du sabotage et de l'action révolutionnaire, par la disparition progressive, au contact des réalités, de ce qu'il y a encore d'inconscience ou d'idéalisme utopique et naïf dans l'esprit des masses, par les rapports qui devront bien un jour s'établir entre groupements ouvriers et groupements patronaux également organisés... »

D'un industriel.

« ... Je vous dirai qu'après l'avoir lu, j'ai voulu le relire, tant il m'a intéressé ! Vous avez présenté d'une façon particulièrement vivante cette étude ouvrière. Les fortes qualités d'observation que vous y avez déployées ont été servies par un jugement très sûr. Il était à craindre qu'un tel sujet n'entrainât à des exagérations sentimentales : vous avez parfaitement évité cet écueil.

» Vous n'avez pas voulu, partant de quelques idées admises, en déduire une conception de vie ouvrière qui aurait été forcément artificielle. Pour connaître les conditions dans lesquelles se déroulait l'existence de l'ouvrier, les difficultés au milieu desquelles il se débattait, vous avez vécu et peiné comme un ouvrier. Pour comprendre la mentalité de vos compagnons, vous les avez étudiés, vous les avez fait parler sans qu'ils s'en doutent : ils sont ainsi restés eux-mêmes.

» Votre étude est remplie d'observations, de scènes prises sur le vif qui la rendent attrayante. Les commentaires d'ordre philosophique dont elle abonde ajoutent à la note pittoresque un caractère sérieux et élevé... »

D'un professeur de philosophie dans un Collège.

« Je n'aurais pas compris ce livre comme il est fait. Je l'aurais intitulé — *Six mois de vie ouvrière*, par un étudiant — titre beaucoup plus net, je veux dire correspondant plus exactement au contenu du livre. Je me serais mis davantage en scène, décrivant mes impressions, mes états d'âme d'ouvrier : ce côté psychologique *personnel* très intéressant, vous l'avez trop négligé, car soyez sûr que ce qui intéresse le lecteur, c'est vous, l'ouvrier volontaire, plutôt que les clichés que vous prenez de la vie ouvrière, grâce à ce déguisement. En effet, ces propos, ces confidences, ces visions de misère, ou de sottise, ou de bonté naïve et fruste, qui ne les a eus pour son compte ! Ce qu'on voulait donc, c'était avant tout *votre sensation*. Puis, et seulement en manière de cadre, j'aurais choisi, parmi les propos recueillis, les plus significatifs, ceux qui, sans révéler rien, mettent cependant l'accent d'une façon intéressante sur un état d'âme. Et d'ailleurs je me serais gardé d'insister, de faire des thèses à propos de ... leurs propos, de montrer que je suis un monsieur savant. Leur misère mentale et matérielle n'est-elle pas assez apparente !

Enfin j'aurais enlevé des turpitudes qui souillent le livre et qui ne sont pas plus spéciales au monde ouvrier qu'aux autres classes sociales.

» Vous avez dû publier telles quelles vos notes ! Vous n'avez pas tiré de cette matière assez riche, mais informe et disparate, un livre. Il y a dans ce premier jet quelques bonnes pages, mais le reste devait être repris, repeint, réordonné. »

***

D'un licencié ès-lettres histoire.

« J'ai lu avec beaucoup d'émotion votre livre. Je crois qu'il sera utile à tous ceux qui s'occupent de questions sociales, et surtout aux radicaux qui ignorent complètement les besoins de la classe ouvrière... Mais, à mon avis, votre enquête est incomplète, vous passez complètement sous silence les bons métiers, ceux qui rapportent, mineurs, ouvriers des forges, mécaniciens, ajusteurs, etc. »

***

D'un archiviste paléographe.

« C'est un livre de faits, bien composé, très instructif. Vos petits tableaux sont très vivants.

On lit avec plaisir et sans fatigue. C'est tout un monde nouveau qui se révèle. J'ai peu vu d'études aussi réalistes — sans être grossières — et aussi profondes. Peu d'observateurs se sont aventurés où vous êtes allé et, ayant vu, ont su rapporter leurs impressions comme vous avez fait. »

D'un journaliste.

« Votre *Vie ouvrière* m'a conquis par sa sincérité. Nous manquons totalement d'enquêtes de ce genre. Votre initiative mérite d'être louée sans réserve. »

D'un autre journaliste.

« Votre tentative de percer le mystère des milieux ouvriers, si ouverts en apparence, est non seulement originale, mais elle a eu pour résultat de nous renseigner sur un monde presque inconnu et qui se défend avec une singulière ténacité contre les curiosités de la bourgeoisie intellectuelle. Ce livre m'a vivement intéressé et je vous félicite d'avoir eu l'idée de cette originale enquête. »

D'un commerçant.

« ... Vos études sont trop fragmentaires et trop brèves. Vous croyez connaître des ouvriers pour avoir travaillé avec eux pendant quelques semaines ! Mais vous ne connaissez qu'une petite face de la question : vous avez vu des individus, non des familles, dans leur travail, non pendant toute une année ; et, si vous aviez fait cela, il faudrait alors passer des employés à l'employeur, connaître les nécessités qui lui imposent des actes mal interprétés ou déformés par la naïve ignorance des gens qu'il emploie. Or, vous avez la prétention d'apporter une vaste enquête, et vous tranchez les questions. C'est du reportage, rien au delà. Vous êtes allé à la classe ouvrière avec des idées préconçues ; vos études spéculatives vous ont farci d'idées dont il est impossible de se dépouiller instantanément. Si, au contraire, un chef d'industrie, un propriétaire agricole, un Directeur de Compagnie s'improvisait ouvrier, cultivateur, tisserand, pendant un assez long temps, son œuvre pourrait être sérieuse et féconde... »

2° ARTICLES DE JOURNAUX

« Une phrase bien agaçante et qui revient à chaque instant, tantôt sous la plume de quelque observateur cossu et tantôt sur les lèvres des personnes heureuses de vivre et d'avoir bien dîné, cette phrase est celle-ci :

« Aujourd'hui, monsieur, l'ouvrier ne veut plus travailler. »

On ne dit pas : « Il y a des ouvriers » ou : « Je connais un ouvrier, etc », on fait de cette remarque un article de foi : l'ouvrier ne veut plus travailler. C'est net. C'est irréfutable.....

...Il n'y a pas de parole plus impie. On ne la proférerait jamais si l'on songeait aux milliers de malheureux qui demandent du travail et qui n'en trouvent pas, qui offrent leurs services, leur courage, leurs forces, leur bonne volonté, et qui sont éconduits, faute d'ouvrage.

Mais il est bien difficile de se faire une idée de leur détresse et de leur démoralisation, quand on n'a pas soi-même passé par là.

Quelqu'un a voulu en avoir le cœur net ; quelqu'un s'est rappelé ce qu'écrivait un jour madame d'Arbouville à Sainte-Beuve : « On ne » veut jamais descendre jusqu'aux choses. On

» juge toujours *d'où l'on est*, comme un paraly-
» tique. » Et j'ai pu lire avec fruit, non pas des
chiffres, non pas des statistiques de cabinet,
mais les observations vécues, sur *La Vie ouvrière*, de M. Jacques Valdour, qui a voulu être,
tour à tour, apprenti dans une usine de tissage,
ouvrier teinturier à Roanne, tréfileur à Lyon,
figurant de théâtre à Paris, et qui nous donne
ses impressions et ses réflexions sur les milieux
qu'il a traversés et sur les hommes dont il a
réellement partagé l'existence. Il peut parler de
leur labeur, de leurs gîtes, de leurs restaurants,
de leurs distractions, de leur misère physique
et morale : son expérience lui en donne le droit.
Il a été, comme dit magnifiquement Lacor-
daire, « le travailleur qui prend ses bras et qui
» s'en va ! » Qui s'en va les proposer de porte en
porte, de ville en ville, de bureau de placement en mairie et en syndicat, et qui n'est embauché nulle part...

« Rien de plus déprimant que ce refus répété,
» déclare ce témoin irrécusable. Quoique sans
» travail par fiction, je n'ai pu entendre ce
» — non — sans éprouver une sensation de
» vide et un serrement de cœur. Que l'on songe
» à celui pour qui de telles journées sont une
» réalité vraie, dont les vêtements s'usent, dont
» les ressources s'épuisent, et qui ne voit pas

» l'issue ! Surtout s'il n'est pas célibataire,
» s'il a charge d'âmes, femme, enfants, vieux
» parents, malades, infirmes... »

Pour les pauvres gens, chômer, c'est mourir un peu.

Cette vision devrait suffire pour glacer sur les lèvres, où il revient comme un refrain, l'absurde rabâchage : « L'ouvrier, aujourd'hui, ne veut plus travailler ! »

Lucien DESCAVES.

(Le Journal, 15 novembre 1909.)

« **Opinions.**
« **Observations vécues.**

« Parce qu'il se répand volontiers en déclamations et en récriminations, parce qu'il manifeste dans les rues et gesticule dans les meetings, nous croyons connaître l'ouvrier. Nous ignorons, en réalité, à peu près tout de sa vie, de ses aspirations, de ses espoirs. Ce n'est pas dans les journaux qui font profession de le défendre qu'il faut chercher sur lui des renseignements : ils forcent la note, exagèrent ses misères et sa détresse, nous trompent sur son « état d'âme », pour employer un mot à la mode.

Un ouvrier, seul, pourrait nous documenter sur l'existence et les idées du monde auquel il appartient ; mais le monde ouvrier est étrangement fermé : une pudeur, à la fois timide et farouche, l'isole comme derrière un inaccessible rempart ; il vit replié sur lui-même, considère comme un ennemi l'homme d'une autre classe qui voudrait se mêler à lui ; il ne se livre pas ; il est méfiant et soupçonneux. Aussi, pour capter la confiance du travailleur manuel, pour faire tomber ses préventions, pour être admis dans son logis, dans son intimité et dans ses confidences, il faudrait se faire ouvrier. C'est ce qu'a tenté un écrivain, M. Jacques Valdour, qui a retiré de cette originale enquête un volume d' « observations vécues » du plus haut intérêt. « Il a rapporté, dans leur forme » spontanée, les conversations entendues, laissé » les personnages dans le cadre où ils lui sont » apparus ». Il a commencé par être le sans-travail en quête d'un emploi ; vêtu misérablement, il a frappé en vain à la porte des usines et des fabriques de Vierzon, de Montluçon, de Commentry, de Saint-Éloi-les-Mines, de Saint-Étienne. Il causait avec des individus également sans ouvrage ; il note que « la re-» cherche si longtemps infructueuse de l'em-» bauchage, cette quête d'emploi de porte en

» porte, de ville en ville, de bureau de place-
» ment en bureau de placement, est profon-
» dément fatigante et démoralisante ». Quoique
sans travail par fiction, dit-il, il ne pouvait
entendre le refus opposé à sa demande « sans
» éprouver comme une sensation de vide et
» un serrement de cœur ».

Il fait des remarques intéressantes :

« Qui n'a pas de profession n'a guère de
» considération ; les ouvriers ont leurs patriciens
» et leurs pébléiens, leurs bourgeois et leurs
» déclassés : le sédentaire s'estime plus qu'il
» n'estime le nomade ; l'homme pourvu d'un
» métier a conscience qu'il occupe un niveau
» social supérieur à l'homme dépourvu de
» métier ; certains métiers l'emportent en di-
» gnité sur d'autres ; il y a, en fait, toute une
» hiérarchie ouvrière ».

Enfin, à Roanne, M. Valdour parvient à se
faire embaucher comme apprenti tisserand ;
plus tard, il sera teinturier ; puis, à Lyon, il
entrera dans l'atelier d'une tréfilerie ; il nous
initie à la vie que mènent ses camarades hors
de l'usine ; il fréquente leurs restaurants et
leurs estaminets ; il revient à tout instant sur le
vice affreux qui dégrade le travailleur manuel :
l'alcoolisme. « Boire, dit-il, reste comme la
» suprême jouissance que peut connaître l'hom-

» me. » Il constate que, « pour tous, la beuve-
» rie est la plus grande joie des heures de liber-
» té ». Un de ses compagnons, auquel il demandait ce qu'il ferait s'il venait à gagner le gros
lot d'une loterie, lui répondit tranquillement :
« Je me saoulerais. »

La plupart ne lisent même pas un journal, ou
bien ils se repaissent de feuilles aux opinions
violentes ; leur ignorance n'a d'égale que leur
vanité : « Tous croient que savoir lire, écrire et
» compter, c'est savoir ». Ils discutent sur tout
et se répandent en divagations : « A les en-
» tendre exprimer tout haut leurs ruminations
» coutumières, on est tenté d'estimer qu'ils
» sont en état d'ivresse mentale ; ce qu'ils ont
» entendu ou lu les enivre et leurs propos ont
» tournure de propos d'ivrognes. »

Ils sont, bien entendu, trop *savants,* pour
n'être pas affranchis de toutes les *superstitions* ;
mais, en réalité, « tout bon ouvrier moderne se
» croit sans religion, parce qu'il professe cette
» superstition de l'État, de la Science et de la
» Nature qui est la plus basse de toutes. » M. Valdour dit encore : « La Science est vraiment
» son adoration et son orgueil ; il croit la possé-
» der ; et c'est elle — et quelle Science ! — qui
» le possède comme serf. » M. Jacques Valdour,
au cours de son enquête vécue sur la *Vie ou-*

vrière, a écrit bien des pages pénétrantes sur cette dévotion du travailleur, sur cette vénération de la Science idole ; il en tire des conclusions particulièrement suggestives ; mais il me faudrait citer et non plus analyser, et la place me manque... »

Paul MATHIEX.

(*La Patrie,* 20 décembre 1909.)

« Notes d'un Roannais.

« Nous signalions l'autre jour, à propos du « fléau du chômage » le livre d'un auteur éminemment original, M. Jacques Valdour : *La Vie ouvrière, observations vécues.*

Observations vécues : le meilleur moyen d'observer les gens est de vivre avec eux. Le meilleur moyen d'étudier la vie ouvrière est de se faire ouvrier, évidemment ! Seulement comme l'expérience est rude et exige un rude courage, on s'y livre infiniment peu chez les bourgeois.

Chez les bourgeois, notamment chez les bourgeois socialistes dont l'espèce, paradoxale autant qu'immorale mais chère aux sous-préfets, se propage déplorablement, chez les bourgeois socialistes on prétend connaître la vie ouvrière et, bien entendu, on prétend l'améliorer, mais on s'en tient malheureusement à cette prétention, pas fatigante. Et en attendant on l'étudie en gardant ses habitudes bourgeoises et ses manchettes... C'est plus élégant.

Un homme s'est cependant rencontré, d'une admirable énergie, d'une conscience invraisemblable — un original, je vous dis ! — qui pour connaître les ouvriers a eu cette idée, si simple en apparence et si extraordinaire dans la réalité, d'aller vivre de leur vie, et qui, l'ayant eue, l'a parfaitement exécutée, et s'est fait, des mois et des mois, ouvrier volontaire.

Or ayant appris par un article de Lucien Descaves dans le *Journal,* que cet ouvrier exceptionnel avait précisément travaillé à Roanne, et de ses « observations vécues » avait fait un livre, nous nous sommes enquis de ce livre. Grâce à l'obligeance de notre éminent confrère, nous nous le sommes procuré.

« Ton livre est ferme et franc, brave homme ! » s'écrie Musset « après une lecture ». En fermant le livre de Jacques Valdour, je me suis souvenu du mot de Musset, et aussi de celui de Montaigne : « Ceci est un livre de bonne foi. »

De bonne foi, ah ! certes oui ! Tellement que l'auteur ne prend jamais parti, hésite à conclure ou pour mieux dire ne conclut pas. Et s'il ne conclut pas, j'ai peur que ce soit tout bonnement parce qu'il n'y a pas à conclure.

Car vous pensez que nous avons couru aux conclusions. Dans une étude sur la condition du travailleur, cela seul importe. Hélas ! cela, dans ce livre d'un brave homme qui est pourtant un esprit brave, manque comme dans les autres. J'entends ce qui serait au moins l'indication, l'espoir d'une méthode d'amélioration de la vie ouvrière. Mais non ! Les méthodes actuelles l'ont fort peu améliorée matériellement, et moralement l'ont faite mauvaise et amère comme elle ne fut jamais. Oh ! il n'y a pas à faire des phrases là-dessus : tout ce qui compte dans le socialisme, comme dans tous les partis, le reconnaît douloureusement, la vie ouvrière était plutôt meilleure du temps que la vieille chanson la berçait...

C'est ce que Jacques Valdour, (il est parfois amusant et il a étudié l'ouvrier roannais avec une sympathie particulière), expose dans des pages tout à fait remarquables de sincérité et de franchise.... Ces pages, par leur vaillante franchise, par leur ton tout à la fois découragé et affectueux, par leur vérité et leur vie, frapperont tous ceux qui ont réfléchi quelquefois à cette question, attachante entre toutes, de la vie de l'ouvrier. Pauvre vie à tout prendre, depuis surtout que les politiciens en ont arraché les « superstitions »...

Mais Jacques Valdour n'est pas toujours aussi grave, aussi sombre. Toujours vrai, il a des tableaux roannais pris sur le vif, parfois d'un réalisme truculent, et qui amuseront certainement nos lecteurs. »

JEAN-CLAUDE.

(*Journal de Roanne*, 23 janvier 1910.)

———

« L'élaboration d'un ouvrage tel que celui de M. Jacques Valdour exige deux ordres de mérites bien distincts : une conscience minutieuse pour l'étude des faits observés, un sérieux talent de mise en œuvre pour l'utilisation et la présentation au public des documents recueillis. Quand un auteur, — et c'est, semble-t-il, le cas de M. Jacques Valdour, — possède à la fois ces qualités qui, sans s'exclure, ne se trouvent pas toujours alliées dans un même esprit, il arrive sans peine, sans effort, apparent du moins, à écrire le livre, si rare, qui donne la couleur, l'éclat, la vie, au sujet le plus austère. Pour parler en connaisseur, en homme véritablement informé de la vie ouvrière telle qu'elle est de nos jours, M. Jacques

Valdour s'est fait ouvrier. A Vierzon, à Montluçon, à Commentry, à Saint-Éloi-les-Mines, à
Saint-Étienne, il a vécu la vie misérable de
l'ouvrier sans travail... A Roanne, il s'est fait
apprenti tisserand et ouvrier teinturier, tréfileur à Lyon, figurant de théâtre à Paris... De
la vie à l'usine et de l'existence en dehors des
heures de travail, il n'ignore aucun secret. Il
sait comment il faut se loger, se nourrir, se
vêtir pour arriver, non sans une prodigieuse
habileté parfois, à équilibrer le modeste budget de l'ouvrier... Un peu partout il a connu
des types singulièrement divers de travailleurs,
et ceux qui vivent sagement, travaillent avec
régularité, et ceux pour qui le travail ne semble
être qu'un moyen d'existence intermittent, pour
ainsi dire accessoire, et les ivrognes, et les dé-
bauchés, et jusqu'aux habitués des plus ter-
ribles bouges, des plus sinistres bas-fonds de
Lyon et de Paris. De tous ces milieux et des
personnages qui s'y démènent, M. Jacques Valdour a fait une peinture animée, colorée sans
excès, qui donne l'impression sincère de la
vie.... »

(*Recueil de jurisprudence Dalloz*, 18ᵉ Cahier, 1909, Biblio-
graphie, p. 30-31.)

« **Un Explorateur de la Vie Ouvrière.**

« Quiconque a des idées se croit capable de résoudre la question sociale. C'est un éternel sujet de discussion. Si l'on admet qu'elle se réduit à une lutte de classes, il est bien certain que chacune des deux classes adverses a des opinions préconçues qui déforment généralement le problème. Il y a peu d'ouvriers capables de juger la bourgeoisie et il n'y a pas beaucoup de bourgeois qui se fassent une idée exacte de la vie ouvrière. Pourtant les uns et les autres se jugent avec assurance et chacun veut avoir raison.

Le journal ou l'orateur populaire fixent le sentiment de l'ouvrier. Le bourgeois se laisse renseigner par la littérature. Toute une génération a vu le monde du travail tel que Zola l'avait dépeint dans l'*Assommoir* ou dans *Germinal*. Ce sont les types conçus par le romancier, Coupeau, le vieux Bonnemort, les Maheu ou l'ambitieux Étienne Lantier, qui ont impressionné ses nombreux lecteurs et déterminé en grande partie le jugement qu'ils portent sur l'ouvrier. Jugement romanesque qui corrige à peine les souvenirs laissés par les *Misérables* de Victor Hugo ou les *Mystères de Paris* d'Eugène Sue. Il justifie à la fois les craintes d'un bouleversement social et le sentimentalisme égalitaire. Il flatte notre éternelle manie d'abstraire qui veut que le mot « Ouvrier » prenne une grandeur symbolique et qu'il paraisse noble comme le travail, émouvant comme la souffrance, tragique comme la révolte.

* * *

Nous exigeons aujourd'hui des notions plus précises. Beaucoup de jeunes gens sortis de la bourgeoisie ont voulu connaître le peuple. On put voir, il y a dix ans, fraterniser l'intellectuel et le prolétaire. Ce fut une union passionnée comme un mariage d'amour et qui dura à peu près ce que dure une lune de miel. Aujourd'hui la plupart de nos gens de lettres sont retournés à leurs livres et les ouvriers sont restés ce qu'ils étaient, aussi impénétrables et aussi peu compris. Eux aussi sont nos frères farouches, selon la forte expression que M. Jules Renard applique aux paysans. Les écrivains qui se donnent pour les interprètes de la classe ouvrière, et entre autres, M. Georges Sorel, repoussent à toute occasion les avances des gens de lettres et s'opposent à cette pénétration intellectuelle. Mais ce mouvement n'aura pas été vain : il aura contribué à enlever à la bourgeoisie quelques fausses idées sur le monde des travailleurs.

Quelques écrivains, en effet, ne se sont pas contentés d'aller parler au peuple : ils ont voulu vivre avec lui. M. Leyret s'est installé petit débitant et il a rendu compte de ce qu'il a observé *En plein faubourg*. Récemment M. Jacques Valdour a fait mieux encore : il a voulu être ouvrier lui-même et il vient de raconter ses impressions. Son récit est un curieux document qui mérite d'être consulté par tous ceux qui s'intéressent aux conditions de la vie sociale.

***

M. Valdour a d'abord été longtemps sans travail. Pour être embauché, il a quêté un emploi à Vierzon, à Montluçon, à Commentry, à Saint-Éloi-les-Mines, à Saint-Étienne. Il a en vain frappé à toutes les portes ; sa situation était celle de l'ouvrier qui a réalisé des économies, mais qui se trouve forcé au chômage. Il dépense vite à aller de ville en ville le peu d'argent qu'il a pu mettre de côté. Le chômage est démoralisant. Le sans-travail, humilié par les sollicitations auxquelles il doit s'abaisser, devient facilement un révolté. S'il est seul, il peut arriver à *bricoler*, en attendant mieux. S'il a une famille, l'inquiétude du lendemain est pressante. Et le chômage est toujours menaçant en raison de l'instabilité du régime industriel : variations dans la production et insécurité de la plupart des métiers qu'une invention nouvelle peut bouleverser soudainement.

M. Jacques Valdour allait d'abord à la Bourse du Travail. On lui demandait s'il était syndiqué : il y a des secours spéciaux pour les syndiqués sans travail. Il y en a aussi pour les ouvriers de passage. M. Valdour n'étant pas syndiqué n'avait droit qu'à des bons de fourneau économique donnés par la mairie. Il obtenait du secrétaire de la Bourse du Travail une liste d'usines. Mais il y apprenait que les patrons se sont entendus pour n'embaucher des hommes que par l'intermédiaire de l'Office du Travail : c'est la réplique du patronat qui s'organise en face du salariat organisé.

Partout le travail est rare. M. Valdour se faisait inscrire inlassablement et toujours on lui répondait : « Nous n'embauchons personne ». Il y avait quelquefois cent demandes pour trois places. Si l'on prend quelqu'un, c'est d'abord parmi les gens du pays : l'ouvrier spécialisé ou l'ouvrier indigène gardent un immense avantage sur les autres. Il existe dans le monde du travail une hiérarchie naturelle. Le prolétariat a ses praticiens et ses plébéiens, ses bourgeois et ses déclassés : il ignore l'égalité autant que les autres classes sociales et peut-être davantage. L'ouvrier sans profession n'est guère considéré ; le sédentaire a une supériorité incontestée sur le nomade. Et les préjugés hiérarchiques sont très forts et très tenaces dans le peuple qui travaille. Certains métiers l'emportent en dignité sur d'autres. L'élite ouvrière est aussi fermée que toute élite peut l'être.

M. Jacques Valdour est enfin entré comme apprenti dans une usine de tissage, à Roanne. Six cents métiers sont rangés sur huit longues files dans le vaste hall et trois cents tisseurs ou tisseuses en dirigent chacun deux à la fois. Le nouveau venu est adjoint à un bon ouvrier qui, pendant vingt ans, a travaillé aux métiers à la main avant d'entrer à l'usine. M. Valdour l'interroge : « Vous devez préférer le tissage méca- » nique ? — Ah ! non. — Pourquoi ? — Avec » l'autre, on est son maître et on peut travail- » ler en famille. Ici, impossible : ma femme » travaille dans une autre fabrique, Quand on » part pour l'atelier, on ferme la maison. » S'il y a des enfants, il faut les mettre en nourrice et ils sont un embarras jusqu'à l'âge où ils peuvent commencer un apprentissage.

La grande industrie écrase la famille et l'individu dont elle supprime l'indépendance. Ces six cents métiers font un bruit d'enfer auquel M. Valdour eut du mal à s'habituer. Il lui parut d'abord que l'ouvrier n'y pouvait agir qu'en automate, mais, par une plus grande pratique, il reconnut que la surveillance de la machine exige une attention continuelle. Payé aux pièces, le tisserand a intérêt à tenir toujours les navettes prêtes et à guetter le moment où la canette s'épuise et doit être remplacée. Le mécanisme du métier est compliqué : comme le temps perdu coûte cher, il faut découvrir le plus vite possible ce qui a cassé un fil, ce qui a produit un « manque ». L'esprit doit être prompt et inventif. De plus, si le voisin s'absente, on surveille son métier et on entretient son action, parce que l'on sait qu'il en fera autant pour vous ; le tisserand prend ainsi un sentiment très vif de l'intérêt collectif. Il est bien préparé à la vie sociale. Accoutumé au vacarme assourdissant de l'atelier, il reste maître de soi dans le tumulte des réunions publiques.

*
* *

Pour continuer son enquête, M. Jacques Valdour s'est fait teinturier : dix heures de travail pour un salaire de 3 fr. 5o. Il fut d'abord employé à l'étendage et payé seulement 2 fr. 5o.

Les teinturiers sont très différents des tisserands : leur besogne et salissante, fatigante et elle altère. Ils sont naturellement portés à la boisson et ils en abusent. Leur travail étant silencieux, ils causent et les propos sont grossiers, les têtes se montent, les façons sont brutales. Le métier n'est pas régulier et les patrons mettent à pied pendant l'été une partie du personnel : aussi, parmi ceux qu'ils embauchent, se trouvent, paraît-il, beaucoup de repris de justice qui s'accommodent de cette situation précaire à défaut d'une autre. Parmi les teinturiers se recrutent beaucoup de propagandistes par le fait.

Payés à la journée, les hommes en font le moins possible, malgré les jurons du chef d'équipe qui est un ancien communard un peu grisé par son autorité d'aujourd'hui. Il parle durement comme on lui a parlé quand il était ouvrier : c'est un traditionaliste à sa manière. D'ailleurs sa dureté est nécessaire avec les hommes de mentalité basse auxquels il a à faire. Car ce travail, qui ne nécessite qu'un bref apprentissage, peut être fait par les bohèmes et les vagabonds de la classe ouvrière.

Elle existe surtout dans le prolétariat cette

déformation par le métier, si sensible dans toutes les classes de la société et qui donne des traits de caractère particuliers et reconnaissables à un magistrat, à un officier, à un professeur.'L'ouvrier est encore plus profondément « déterminé » par le milieu où il vit, par la monotonie de sa tâche, par l'étroitesse du domaine où se dépense son activité. Et le machinisme a augmenté le nombre des manœuvres forcés pendant des jours entiers au même geste, à la même attitude : automatisme qui souvent brise le corps de fatigue sans laisser aucun espoir de développement intellectuel. M. Valdour a pu prendre à ce sujet des notes précieuses.

L'ouvrier ne retient presque rien en dehors de son métier : voilà ce que ses éducateurs ne savent pas assez. Ils sont toujours étonnés par le résultat des interrogations auxquelles on soumet de temps en temps des réservistes à leur arrivée à la caserne ; un tiers ne sait répondre à aucune question relative aux principaux événements historiques du dix-neuvième siècle. Beaucoup ignorent ce que fut Napoléon et quelques-uns ne savent plus que la France a été vaincue en 1870 : ce qui est tout à fait explicable quand on sait que l'ouvrier vit généralement sans autre souci que celui de son pain quotidien et de son jour de fête hebdomadaire. Un compagnon de M. Valdour lui dit : « Une » chose chasse l'autre, l'ouvrier est comme ça... » La mémoire ne conserve que le nécessaire : lire, écrire, compter, plus ou moins bien. Les préoccupations du premier plan sont les choses du métier, les passions cultivées par les intrigues des partis politiques et par les journaux, sans oublier le vin, la femme et le tabac.

Des écrivains socialistes sont les premiers à se plaindre de l'instruction populaire telle qu'elle est comprise dans notre démocratie. Ils y voient un piège destiné à déformer l'esprit du peuple : au lieu d'apprendre aux ouvriers ce qu'ils ont besoin de savoir pour leur vie de travailleurs, « on s'efforce de développer chez » eux une vive curiosité pour les choses qui se » trouvent dans les livres écrits pour les bour- » geois » [1]. Curiosité vague qui se change en inquiétude mal définie par les bribes de connaissances que fournissent quelques ouvrages de vulgarisation.

Ce qui prime tout pour l'ouvrier, c'est l'absence de sécurité Il se sent la proie du hasard. Les lois de protection et les institutions de prévoyance ne sont que de pauvres expédients· S'il tombe malade, il s'endette et tous les com-

____

[1]. Georges Sorel, *Les Illusions du Progrès,* p. 119.

pagnons de M. Valdour lui ont dit : « A partir
» de trente ans on a des misères : pas un qui
» puisse prétendre n'avoir pas quelque chose. »

*
* *

Le *Board of Trade* a publié naguère les résultats d'une enquête qui avait pour but de comparer le coût de la vie ouvrière en Angleterre, en France et en Allemagne.

Pour un égal degré de confort, l'ouvrier français paie moins cher que l'ouvrier anglais qui paie lui-même moins cher que l'ouvrier allemand. Mais le logement du travailleur français est nettement inférieur, comme confort et comme hygiène, à celui des Anglais et des Allemands.

M. Jacques Valdour nous dit comment s'établissait son budget. Lorsqu'il était tisserand à Roanne, il gagnait au maximum 3 fr. 5o en moyenne pour onze heures de travail en conduisant deux métiers. Il y avait chômage le samedi après-midi et le dimanche. Pendant la morte-saison d'été, la journée est réduite à dix heures et il n'y a plus qu'un métier en marche par tisserand : le gain se trouve réduit de moitié. Il faut avoir fait des économies pendant l'hiver.

La chambre de M. Valdour lui était louée 10 francs par mois, soit environ 0 fr. 35 par jour. Les deux repas reviennent à 1 fr. 5o. Il reste à peu près 1 fr. 5o pour la dépense du vêtement, de la chaussure, le blanchissage, le coût des journées de chômage, les menues cotisations des sociétés de secours mutuels, sans compter le tabac, le journal, le vin offert aux camarades, le chauffage, l'éclairage, etc. La tentation est vive d'aller finir la journée au débit où il fait chaud et clair plutôt que de rester seul dans le gîte glacé. L'ouvrier s'y retrouve avec ses amis. Il parle, il joue et il boit pour arriver à la griserie dans laquelle il oublie sa misère. Les réunions ouvrières sont très gaies : on fait des calembours, on raconte des histoires, on chante, on rit sans raison en levant son verre. Le travailleur est jovial et bon garçon. Il accueille fraternellement le camarade inconnu. Il vibre, il a du cœur. Il aimerait à s'instruire, mais il n'en a pas le temps. Après dix ou onze heures de travail, le cerveau n'est plus capable de l'attention qu'il faudrait pour une lecture sérieuse.

Quelques-uns, pourtant, emploient les soirées à lire au hasard, et ces acquisitions hâtives et fragmentaires leur donnent de l'influence sur leurs camarades. Mais il faut se garder d'exagérer l'autorité des intellectuels de la classe ouvrière comme on est trop tenté d'exagérer l'autorité des gens de lettres sur la bourgeoisie. L'ouvrier ne peut pas faire fi des revendications que l'on proclame en son nom, mais le bon sens ne perd pas son droit. M. Valdour fut étonné d'entendre un compagnon déclarer : « Ça sera bien ennuyeux, la » journée de huit heures? — Pourquoi ?... — » Parce que nous aurons deux heures de plus » par jour pour faire de la dépense. »

Les observations de M. Jacques Valdour l'ont amené à définir la conduite à tenir dans un milieu ouvrier pour y être estimé et ceci établit d'une manière intéressante la véritable psychologie du travailleur. Il faut d'abord éviter de causer haut, de plaisanter grossièrement et de répliquer aux anciens : ce sont les façons qui déplaisent le plus. Faire son travail comme il doit être fait, mais sans zèle, car ce serait prendre les intérêts du patron. Etre discret : l'atelier est un lieu de papotages. Si l'on s'y mêle, on se fait des ennemis. Il y a une mesure à garder, car, si l'on reste à l'écart ou si l'on veut savoir trop de choses sur les camarades, on passe pour un mouchard. Etre aimable et de bonne humeur, familier, bon camarade, avec une certaine déférence pour les ouvriers plus anciens dans la maison. Si l'on ajoute à ces qualités un peu de tenue, une nuance légère de savoir-vivre, un bon langage, on ne tarde pas à prendre une influence dans l'atelier. Et si, enfin, par la dignité de sa vie, on devient le compagnon écouté dont la supériorité sera reconnue, il faudra éviter de se targuer de cette supériorité ; l'ouvrier est susceptible et il a la passion de l'égalité.

Hors de l'atelier, il est trop souvent la victime des débits de vin répandus à profusion autour de lui. Mais bien des bourgeois résistent-ils comme ils le devraient à la tentation de l'apéritif et du cercle ! En tout ceci il ne faudrait généraliser aucun jugement et si le livre de M. Jacques Valdour a du prix, c'est en ce qu'il nous permet de différencier les unes des autres plusieurs catégories d'ouvriers. On n'entreprendra jamais assez d'étude de ce genre, qui complètent les monographies des différents métiers et nous fournissent, par les comparaisons qu'elles imposent, des idées plus précises sur la vie du peuple. »

Jacques MORLAND.

(*L'Opinion*, 25 septembre 1909.)

«.... Le hasarda mis entre mes mains un livre dont je ne connais pas l'auteur : *La Vie ouvrière*, par Jacques Valdour. Ce sont les « observations » vécues » d'un homme qui, pour toucher la réalité populaire, s'est fait ouvrier, tour à tour dans les centres industriels les plus divers. J'ai lu ce livre avec une intense émotion : je voudrais le faire lire à tous mes amis. J'en détache seulement ces deux phrases qui expriment une vérité dont je porte, depuis que je suis entré dans la vie publique, le sentiment profond, et qui me saisit plus fortement que jamais en face de la faillite socialiste. L'auteur parle de ceux qui ont si longtemps gardé la confiance populaire et il dit : « Ces hommes » se sont faits vraiment pasteurs de peuples ; à » l'affût de leurs plaintes, instruits de leurs » désirs, inquiets de leur plaire, zélés à les ser- » vir, ils les mènent aux avenirs lointains ; ils les » mènent, s'ils sont les mauvais bergers, aux » abîmes. Tandis que leurs adversaires restent » très en arrière à pleurer le passé obscur, » comme s'il pouvait renaître, ils se mettent en » rapports étroits avec ceux dont ils se sont » institués, au moins en apparence, les servi- » teurs, ils connaissent leurs plus récents » besoins, et ils travaillent, de tout leur effort, » semble-t-il, à les satisfaire. »

Voilà le secret de leur force et de notre fai-
blesse. Quand mériterons-nous d'être les pasteurs du peuple, en nous instituant ses servi-
teurs ?.... »

A. DE MUN.
de l'Académie française.

(*Écho de Paris,* 12 mai 1910.)

« La Descente aux Enfers.

« Tout récemment, un de nos plus illustres
collaborateurs recommandait à ses lecteurs [1] —
et je doute qu'il en ait beaucoup plus assidus
que moi — un livre qu'il disait l'avoir intéressé : *La Vie ouvrière, observations vécues,* par
Jacques Valdour. J'y courus. Certes le livre
mérite d'être lu et il porte un enseignement.
L'auteur, dont je ne sais rien que son nom,
qui ne nous apprend ni à quelle classe il appartient, ni quel but il s'est proposé en plongeant
dans le monde ouvrier, qui annonce seulement
qu'il a voulu « éprouver un peu de ce que les
» travailleurs de l'usine éprouvent, penser ce
» qu'ils pensent, rencontrer leurs peines et leurs
» espoirs », l'auteur s'annonce comme « *un cé-*
» *rébral* » : il aime ce mot, s'y plaît, le répète,

1. Il s'agit de l'article de M. de Mun paru, dans *L'Écho de
Paris,* le 12 mai précédent.

9

oppose en divers chapitres le cérébral au manœuvre, affirme la constante supériorité de celui-là sur celui-ci, l'abaissement inévitable de l'homme qui besoigne.

Son livre, bizarrement construit, renferme six chapitres, divisés chacun en paragraphes ; les premiers énumérant très rapidement les expériences, ou notant des faits ; le dernier exposant une conclusion philosophique, morale, politique, qui doit résulter des arguments ci-devant posés, et cette conclusion spéciale est encore suivie d'une conclusion générale qui prétend grouper les éléments épars des autres. Cela serait excellent si les observations étaient en tel nombre et de telle valeur qu'elles fournissent une base assez large d'étude et qu'elles permissent des vues d'ensemble ; mais le dessein, si généreux soit-il, ne fut point suivi avec une suffisante persévérance. Le premier chapitre, *Sans travail*, promène le lecteur à travers cinq à six villes ou villages industriels du centre, à la suite d'un chemineau qui n'a point fait d'apprentissage, n'a point de spécialité et ne trouve pas à se faire embaucher. Cela est nul comme renseignements. Les trois chapitres qui suivent : *Roanne, apprenti tisserand; Roanne, ouvrier teinturier ; Lyon, la tréfilerie*, sont l'essentiel du volume, et accusent une portée sociale. Là, se trouvent réunies sur la mentalité du tisserand, sur la substitution du travail mécanique de l'usine au travail familial, sur la supériorité et la relation des professions, sur l'adaptation que l'homme en reçoit, des observations justes, pittoresques et profitables. Seulement, quelle expérience supposent-elles ? Quel temps ont duré ces séjours ? Et ne semble-t-il pas qu'ils aient été extrêmement brefs ?

Toutefois, il y a à retenir : d'abord le mal par excellence, l'ivrognerie, dont la prophylaxie reste à déterminer. L'ivrognerie chez le peuple, en France, est le plaisir essentiel, la joie suprême. Des hommes buvant dix litres de vin par jour, sans compter « les blanches », quelle clientèle pour les débitants de boissons dites « hygiéniques » et pour leurs établissements ! Ensuite, l'auteur fait-il à bon droit ressortir l'incompréhension totale par ces ouvriers des mots par quoi les meneurs les tiennent ; les transformations, plus tristes que comiques, que les idées représentées par ces mots subissent dans leur cerveau ; les formes que revêtent alors à leurs yeux les doctrines socialistes, même en ce qui touche les problèmes du travail auxquels on pourrait les croire relativement initiés ; enfin, l'exploitation dont ils sont l'objet de la part de mastroquets féroces, agents de la désorganisation physique, sociale et morale, dont très souvent le rôle n'est pas assez expliqué par l'appât des gains que leur procurent les loisirs inoccupés de l'ouvrier.

Sur quoi insiste encore, à juste raison, M. Jacques Valdour, c'est sur la campagne anticléricale par laquelle certains dirigeants s'efforcent de détourner les ouvriers des questions purement sociales ; sur la sorte de religion de la science que les prédicants de la libre pensée s'efforcent de substituer à la religion révélée.

Il entre ici dans des détails qui sont topiques. Ainsi conte-t-il la *Grande conférence publique et contradictoire, donnée par Marie Murjas, ex-religieuse trappistine*. Sujet : *Dieu, c'est le crime*, réunion organisée par la libre pensée de Roanne, où ladite Marie Murjas, qui ne fut jamais religieuse, en robe noire toute unie, penchant la tête sur l'épaule, la bouche en rond, parlant d'une voix papelarde, entasse les inepties comme : « Mahomet lança sur l'Europe ses hordes pleines de *barbarismes* » ; ou « *L'antithèse Dieu* », pour l'hypothèse ; et les contre-vérités, comme : « l'Inquisition fit périr Galilée ! » Mais son principal argument, et qui porte, est d'affirmer : « Les promesses d'un » bonheur éternel ont pour but et pour effet

» d'empêcher le peuple de travailler à l'amélio-
» ration de son sort terrestre ! »

L'auteur, s'il a sérieusement, comme on doit croire, fait métier d'ouvrier, n'a point poussé si loin l'expérience qu'il se soit senti ouvrier, qu'il en ait pris l'âme, qu'il ait cessé d'être, comme il dit, « un cérébral ». Il apparaît comme un reporter ingénieux, de ceux qui, durant une nuit ou une journée, se font mendiants, chemineaux, ou sous-secrétaires d'État, et amusent ensuite la galerie du récit de leurs aventures. Sans doute a-t-il dû faire durer un peu davantage ses tentatives ; sans doute y a-t-il porté plus de sérieux, mais guère.

Comme de juste, bien plutôt qu'aux défauts du régime industriel, et aux remèdes à y appliquer, sa cérébralité l'a porté presque exclusivement aux matières qu'elle a l'habitude d'envisager, telles la politique et la religion ; il dénonce l'alcoolisme, ce qui est bon, mais il n'annonce ni ne propose aucun remède. Il embrasse un certain nombre des revendications ouvrières, dont l'une des principales, à son gré, serait l'interdiction pour le patron de prendre ou même d'accepter des références sur les travailleurs qu'il embauche ; car les repris de justice ont, dit-il, tout autant le droit d'être employés que d'autres. Dans les conversations

qu'il dit avoir eues avec les ouvriers, il prend
l'agrément de se prouver à soi-même sa supériorité, quitte à humilier ses interlocuteurs, —
ou bien alors, c'est après coup qu'il conclut
et cela sent le cabinet et l'huile, ne jaillit pas
de source et n'est pas pris sur le fait.

Pourtant, y a-t-il là un effort tel que l'on
pourrait en être touché, surtout si l'on se ren-
dait mieux compte du but qui n'apparaît point ?
Pour se résoudre à supporter durant un long
temps une vie telle, avec son labeur qui surmène et qui abêtit, avec ses plaisirs plus vulgaires et tristes encore, il faut qu'on ait reçu
ou qu'on se soit imposé une mission. Il en est
infiniment chez la femme de religieuses ; il en
est d'autres, laïques, que détermine l'amour
du prochain, ce qu'on veut, à présent, appeler
l'altruisme, amour du prochain étant clérical ;.
il en est qu'inspire, en même temps qu'une
grande épreuve morale, une sorte de besoin de
se purifier et de se racheter ; il est des êtres —
et cela je l'ai vu — qu'entraîne l'orgueil du
sacrifice et qui trouvent à s'abaisser une forme
suprême de générosité ; enfin, il en est qu'attire
vers le gouffre du peuple un mysticisme que
nos âmes latines comprennent mal, mais qui
séduit combien d'âmes slaves ! En presque tous
les cas, au moins dans les pays latins, germa-

niques et anglo-saxons, il s'agit de femmes, plutôt que d'hommes ; l'homme, dans la vanité qu'il éprouve de sa supériorité, ne consent pas à déchoir intellectuellement, et s'il éprouve une vocation altruiste — hormis dans des cas religieux exceptionnels — il la fait consister à enseigner, à prononcer des discours et à se faire élire député, ou du moins à le tenter.

Si, dans les congrégations masculines, l'on ne rencontre que rarement des vocations analogues à celles qui fleurissent miraculeusement en si grand nombre dans les congrégations féminines, combien moins encore chez les hommes laïques ! Mais les femmes qui, hors de toute idée confessionnelle, cèdent à leur naturel penchant vers les souffrances, à l'effort de leur tendresse pour les déshérités, sont d'autant plus admirables ; et par la supériorité de l'éducation morale qu'elles se sont donnée, par le degré de perfection spirituelle où elles sont parvenues, d'autant plus enviables celles-là, qui, mues uniquement par la pitié, s'abaissent jusqu'aux plus piteux, se rendent, pour l'amour d'eux, pareilles à eux.

Voici quelque dix ans, une femme, qui n'est point Française, tenta dans son pays, une expérience analogue à celle de M. Valdour ; elle partit de sa maison qui était élégante et confortable, ayant dépouillé tout ce qui en elle attestait — par la toilette et les dehors — la femme du monde, la femme qui, dans tout salon où elle fût entrée, se fût trouvée des premières par l'intelligence et la beauté ; elle voulut être aussi pauvre que celles qui allaient être ses compagnes ; elle ne se réserva aucun viatique, ne compta que sur son travail manuel, coupa les ponts derrière elle, et du haut de son âme sereine elle se précipita et plongea dans le peuple. Cela était sans précédent, mais ne devait point demeurer sans influence.

Sans se soucier ni de la finesse perdue de ses mains, ni de la fatigue infligée à ses membres las, ni de la tension nerveuse après les douze ou treize pleines heures de travail, ni de l'inquiétude aux métiers nouveaux, ni des contacts odieux, ni des pensions puantes, ni des couchers à trois ou quatre dans la même chambre entre des couvertures raidies par les sueurs des pensionnaires passées, elle vint, simplement vêtue comme la plus pauvre, se ranger parmi les ouvrières : elle prit le travail d'où qu'il vînt, fût-il le plus dur, et presque cherchant le plus dur, afin de s'instruire mieux des souffrances et des besoins de ses sœurs, les pauvresses, pauvresses d'esprit et pauvresses de corps.

Est-il une louange qui s'égale à ce que fit cette femme ? Ici nulle des préoccupations auxquelles a paru obéir l'enquêteur français. La politique n'est point en cause, ni la propagande confessionnelle. C'est uniquement d'une sociologie qu'il est question, mais d'une sociologie qu'illumine l'esprit de charité et qui est tout imprégnée de tendresse. Celle qui s'est faite l'*Ouvrière* s'est si intimement persuadée de son rôle qu'à des moments, dit-elle, il lui a semblé qu'elle fut toujours une ouvrière et qu'elle le demeurera jusqu'à sa mort. Par là, elle atteint l'âme de celles qui l'entourent et elle y lit, puisque son âme réfléchit ces âmes troubles, puisque, par son éducation, son affinement, son habitude de l'activité d'intelligence, même lorsque son esprit accablé par les longues heures de travail semble somnoler, elle accumule les notions qu'elle devinera, déchiffrera et expliquera tout à l'heure. Avec une lucidité et une précision qui sont des dons de race, mais compliquées des précieux apports d'une race plus ancienne, qu'ont polie et formée de vieilles civilisations ; avec un sens singulièrement éveillé de la nature et une condensation en quelques mots des sensations pro-

fondes qu'elle procure ; avec une tournure poétique de l'esprit qui s'avère par des mots glissés comme à la dérobée, Mrs B. Van Vorst, dans le livre l'*Ouvrière aux Etats-Unis*, a écrit des pages, si profondément, si joliment humaines, qu'elles touchent au chef-d'œuvre. Le premier chapitre, *La femme à l'usine, Pittsburg-New-York*, est le plus frappant et le plus nourri. Ici l'auteur a complètement réalisé le but qu'elle s'était proposé : elle a dit tout ce qu'elle avait vu, et elle l'a dit excellemment. Pourquoi ? Parce qu'elle avait, de sa propre conscience, reçu et accepté une mission : « Mettre,
» a-t-elle dit, au service de l'ouvrière, tout ce
» que je puis avoir de ressources d'intelligence
» et d'activité, devenir un intermédiaire entre
» elle et ceux qui, mieux partagés par la fortune,
» voudront lui venir en aide. » Et elle fut « *le*
» *porte-parole de l'ouvrière* ».

Rien de comparable à ce qui se passe en France. Aux États-Unis, pour la femme, l'alcoolisme n'est pas à craindre, le syndicalisme n'achemine pas aux excès révolutionnaires ; la politique n'a aucune importance. Même, pour la plus grande partie des ouvrières, ce n'est pas le besoin qui les conduit à l'usine ; la plupart sont filles ; il est infiniment rare qu'une femme mariée travaille et toutes, ou presque, ont la

vie matérielle assurée à la maison par leurs
pères ou leurs frères ; mais elles veulent gagner pour dépenser ; le goût du luxe et de la
toilette — parfois aussi la passion d'indépendance — les conduit à la porte des fabriques
géantes et c'est pour se parer qu'elles beso-
gnent. De là une concurrence déplorable contre
celles qui ont réellement besoin de gagner leur
vie et un abaissement des salaires. Comment
y remédier, comment réserver le travail uniquement aux ouvrières n'ayant que leur travail
pour unique ressource ? L'auteur voudrait indi-
quer à ces ouvrières d'*esprit supérieur* des
carrières d'art industriel qui ne sont pas encore
ouvertes en Amérique. Y réussiraient-elles ?
On en peut douter. Mais quelle que soit l'effi-
cacité du remède, le mal est dénoncé et l'enquête demeure ; elle demeure en sa brutalité
franche, en sa netteté positive que traversent,
comme des épées brillantes, des rayons de poé-
sie. Ainsi l'auteur écrit : « Un désir m'est sou-
» vent venu pendant mon travail, c'est le désir
» de voir des fleurs : une rose me semblait alors
» de tous les objets de la création le plus dési-
» rable ».

Cela entre cent. Et elle laisse percer là cet
indice d'une sensation supérieure, d'une sensation qui doit pourtant être notée, car, confu-

sément, les autres l'ont éprouvée. C'est là, en vérité, l'admirable enseignement apporté par ce livre : dans sa sincérité et sa bonne foi, il traduit expressément l'âme populaire que l'auteur a perçue « quand, dit-elle, je fus assez » entraînée au travail pour ne pas être plus » fatiguée de dix heures de manufacture que » je ne l'eusse été d'une promenade un peu » longue ; quand je fus saturée de l'odeur des » garnis au point de ne plus même y faire » attention ; quand la plus dure paillasse me » parut assez bonne pour mon impérieux » besoin de sommeil et la plus pauvre nourri- » ture assez appétissante pour mon estomac » affamé, alors, et alors seulement... »

Oui, alors, et c'est pourquoi elle demeure *la seule...* »

Frédéric MASSON
de l'Académie française.

(*Écho de Paris*, 7 juin 1910.)

TABLE DES MATIÈRES

INTRODUCTION I

CHAP. I. — Comment j'ai été amené à entreprendre ce genre de recherches. 3

CHAP. II. — Étude critique de la méthode employée. 13

    Sa nature. 13

    Sa portée. 33

    Son utilité 43

    Ses difficultés 52

    Ses conditions 59

    Ses limites 65

CHAP. III. — Réponses à diverses remarques et objections 69

CONCLUSION 91

DOCUMENTS 95

    1º Lettres. 95

    2º Articles 104

Paris-Lille, Imp. A. Taffin-Lefort. — 13-291.

9 782019 926427